ÉTHIQUE ET RATIONALITÉ
sous la direction de Jocelyne Couture

 *PHILOSOPHIE ET LANGAGE*

Éthique et rationalité

Conférences de
David GAUTHIER, Jan NARVESON et Kai NIELSEN

Jocelyne Couture
Traduction, introduction et responsabilité d'édition

MARDAGA

© Pierre Mardaga Éditeur
Rue Saint-Vincent 12 - 4020 Liège
D. 1992-0024-15

Avant-propos

Le présent ouvrage contient la traduction française d'une série de trois conférences données au département de philosophie de l'Université du Québec à Montréal (UQAM) au printemps 1987 sur le thème « Ethique et rationalité ».

Les conférences des professeurs Jan Narveson et Kai Nielsen étaient entièrement inédites. Celle du professeur David Gauthier portait sur les développements récents de résultats publiés dans « Justice as Social Choice » et dans le chapitre VI de *Morals by Agreement*. Ce sont ces deux textes, modifiés par l'auteur, qui apparaissent ici dans leur version française.

L'introduction a été rédigée après coup, au cours de l'été 1987. Elle propose un cadre interprétatif général pour les diverses entreprises présentées ici mais elle n'est nullement requise pour la compréhension des textes qui constituent le corps de l'ouvrage et qui se suffisent entièrement à eux-mêmes.

La traduction des termes techniques a soulevé ici les difficultés habituelles et qu'un lecteur bilingue peut facilement imaginer. En règle générale, nous avons « introduit » les expressions françaises par lesquelles nous avons traduit ces termes, c'est-à-dire que nous avons fait suivre leur première occurrence dans le texte de l'expression anglaise entre parenthèses. Quelques cas litigieux ont fait l'objet d'une note en bas de page.

Nous avons établi un double système de renvoi pour les références aux ouvrages ayant été traduits en français. La règle que nous avons adoptée à cet effet consiste à indiquer en bas de page d'abord la référence (auteur, année, page) à la version originale puis, entre crochets, la référence à la traduction française.

La série de conférences «Ethique et rationalité», ainsi que la présente traduction, ont pu être réalisées grâce aux subventions de la Gestion des ressources de l'UQAM et de la Fondation UQAM.

La version française des textes de Gauthier, Nielsen et Narveson est redevable d'une collaboration pour laquelle je veux d'abord remercier les auteurs eux-mêmes, qui, sans ménager leur temps et leurs conseils, ont supervisé les multiples étapes et les différents aspects de la traduction de leur texte. Je veux aussi remercier Dominique Boucher, qui, en plus d'avoir veillé à tous les aspects techniques de la préparation du manuscrit, y a généreusement investi ses immenses talents de styliste et de correctrice.

J.C.

Introduction :
Rationalité et consensus

Jocelyne COUTURE

1. UNE CERTAINE IDEE DE LA THEORIE MORALE

La morale est un savoir pratique qui guide les actions des individus. De cette affirmation ancestrale, la philosophie morale traditionnelle semble avoir compris qu'il suffit, pour que des règles d'action soient effectivement adoptées, que soit établie la véracité de certains principes moraux. Pour s'être constamment préoccupé d'établir les raisons de croire au bien-fondé des énoncés moraux, rarement s'est-on demandé si cette croyance peut, à elle seule, provoquer ou influencer l'action. Et pour s'être souvent prononcé sur le statut de la morale comme savoir et sur le type de justification qu'elle admet en tant que savoir, rarement a-t-on soulevé la question de ce qui peut lui conférer l'efficace qu'on lui attribue par ailleurs.

En 1958, Kurt Baier soulevait un coin du voile en demandant : pourquoi devrait-on être moral ? Sitôt posée, la question laisse apparaître l'ampleur de ce que la philosophie morale traditionnelle a simplement pris pour acquis. Entre les préceptes de la morale et l'action effective des individus, entre les raisons de croire et les raisons d'agir, gît l'espace considérable de la moralité : ce qui fait que des individus se sentent concernés par la morale, qu'ils désirent être moraux, qu'ils aient cette disposition à se laisser guider par les principes et les règles que la morale s'applique à formuler, bref qu'ils adoptent, comme le dit encore Baier, le point de vue moral.

Caractériser la moralité et ses conditions d'apparition, c'est caractériser la rationalité de l'agent moral, mais c'est aussi mettre à jour ce qui peut compter comme justification de la morale elle-même non plus, cette fois, en tant que savoir théorique, mais en tant que savoir pratique, susceptible d'avoir une incidence observable sur le comportement des individus.

Plusieurs des auteurs qui ont conçu la théorie morale dans l'optique d'une explication de la force pratique de ses principes se sont aussi ralliés à l'argument du consensus, caractéristique des théories contractualistes.

C'est chez Hobbes sans aucun doute qu'on trouve, dans sa forme la plus épurée et aussi la plus radicale, l'idée qu'un individu se conformera à certaines contraintes dans l'exacte mesure où celles-ci sont, ou pourraient être, l'objet d'un choix éclairé et réfléchi d'un ensemble d'individus. Les contraintes que Hobbes envisage sont des contraintes qui limitent la poursuite des intérêts individuels et permettent de réaliser, lorsqu'elles sont acceptées par tous, les bénéfices autrement inaccessibles de l'interaction sociale coopérative. Un individu rationnel s'imposera délibérément de telles contraintes à la condition que tous en fassent autant. Mais pour qu'une contrainte soit acceptée par tous, elle doit être également profitable pour chacune des personnes concernées. Dans sa recherche de bénéfices résultant de la vie en société, un individu s'orientera rationnellement vers l'impartialité, c'est-à-dire, vers la moralité. Etre moral, comme le dit encore Baier, c'est obéir à une règle supérieure de la rationalité pratique[1].

Un principe susceptible de faire l'objet d'un consensus est un principe susceptible d'être choisi par tous, c'est-à-dire d'être choisi au terme d'une procédure de décision équitable où le point de vue de chacun est également représenté ; c'est donc un principe impartial qui se qualifie, de ce fait, en tant que principe moral. C'est aussi un principe auquel tous se conformeront puisqu'il est choisi par chacun sur la base d'un calcul rationnel. L'argument du consensus affirme le caractère moral des contraintes faisant l'objet d'une entente entre des individus et il rend compte de la force pratique des contraintes morales en faisant appel aux motivations mêmes qu'ont des individus rationnels pour être moraux.

L'idée de consensus est une idée qui, de Rawls à Habermas, marque aussi bien les contenus que la méthodologie de la philosophie morale contemporaine. Parce qu'elle met de l'avant une conception des principes moraux en tant que principes d'interaction sociale et de justice, la notion de consensus a pu être mise à contribution, dans une visée explicative ou justificative, par des théories éthiques qui se veulent partie, ou dépendantes, des sciences sociales. Dans l'accentuation de cette tendance en philosophie morale contemporaine, tout comme d'ailleurs dans l'apparition de conceptions inusitées tel le programme habermassien de l'agir communicationnel[2], le rôle heuristique qu'a pu jouer la notion de consensus n'est sans doute pas à négliger. L'attrait méthodologique de la notion de consensus n'est pas étranger non plus au fait qu'elle se prête directement à une représentation rigoureuse du raisonnement moral. Dès 1955, Braithwaite avait désigné la théorie formelle des jeux, développée dans le contexte de la théorie économique, comme « un outil pour le philosophe moral » et il est très rapidement apparu que, dans cet esprit, la notion de consensus permettait d'intégrer aux méthodes de l'éthique traditionnelle les approches formelles de la rationalité pratique et du choix interactif.

2. LA BASE EQUITABLE DU CONSENSUS RATIONNEL

2.1. Un des premiers traitements contemporains de la notion de consensus dans la perspective d'une justification des principes moraux est du à John Rawls. Dans *A Theory of Justice*[3], Rawls articule en effet, à partir de la notion de justice procédurale, ce qu'on peut considérer comme un modèle, ou une explicitation formelle de l'idée de consensus. La notion de justice procédurale reprend une idée qu'on trouve déjà implicitement chez Hobbes, selon laquelle la justice de contraintes applicables à l'échelle d'une société découle uniquement de l'équité de la procédure par laquelle ces contraintes doivent être choisies. Tout comme Hobbes, Rawls relie l'équité de la procédure au fait que cette dernière soit une procédure de délibération, c'est-à-dire une procédure qui, devant aboutir à une entente entre des individus, doit permettre à chacun de faire valoir son point de vue et ses intérêts propres. C'est en simulant la délibération au sein d'une assemblée fictive c'est-à-dire, en donnant une caractérisation explicite des circonstances mêmes dans lesquelles peut s'effectuer un consensus — ce qu'on ne retrouve pas chez Hobbes — que Rawls entend signifier les conditions d'une procédure équitable et justifier, du même coup, les termes du consensus en tant que principes de justice.

Les conséquences du modèle rawlsien, aussi bien pour une explication de la moralité que pour rendre compte du caractère pratique des principes moraux, se démarquent considérablement cependant, de celles que Hobbes tirait, à tort ou à raison, de l'argument du consensus. Et pour diverses raisons qui, dans leur ensemble, rendent bien compte des tendances et des objectifs de la philosophie morale contemporaine, la notion rawlsienne de justice procédurale a fait l'objet de nombreuses critiques.

La plupart de ces critiques sont directement ou indirectement reliées au voile d'ignorance qui est l'une des composantes essentielles des circonstances du consensus telles qu'imaginées par Rawls.

2.2. Rawls imagine une assemblée d'individus réunis pour choisir une forme de société, c'est-à-dire pour déterminer les principes qui doivent guider l'élaboration de sa structure de base. Ces principes seront les principes de justice et concernent essentiellement la répartition des biens, incluant celle des biens dits premiers tels que : les droits, les libertés, le respect de soi-même, les revenus, et la richesse[4]. Les individus délibérants sont des individus pleinement et également rationnels, pleinement et également informés des données concernant l'histoire politique, économique et intellectuelle de l'humanité, mais ignorants de leurs propres caractéristiques individuelles c'est-à-dire, de leurs talents, capacités, plan de vie et de toute propriété attachée à leur personne propre pouvant avoir une incidence sur leurs conditions de vie futures. C'est ce que Rawls appelle le voile d'ignorance. Dans une mesure non négligeable, ce voile détermine la forme que prend la délibération. Chacun des individus délibérants, faute de savoir qui il est et qui il sera dans la société future, doit faire intervenir, dans ses considérations, ce qu'il imagine être le point de vue de chacun de ceux qu'il pourrait être dans chacune des sociétés dont il pourrait faire partie. Faute de savoir qui il est et qui il sera, nul ne peut façonner les principes de justice à son propre avantage en accroissant, par exemple, les privilèges d'un certain type d'individus, d'un certain groupe social auquel il pourrait bien ne pas appartenir; *a fortiori*, nul ne peut risquer de détériorer, en vue d'avantages aussi incertains, le sort d'un groupe social dont il pourrait bien être dans la société future.

Les parties en présence dans la délibération, désirant bien entendu la société qui leur assure le plus grand bien-être personnel, mais ne sachant comment les principes qu'ils choisiront pourront les affecter individuellement, s'entendront sur une solution susceptible d'éviter le pire pour chacun d'eux; ils opteront pour la forme de société qui garantit le plus à ses membres les plus défavorisés et stipuleront à cet effet les principes de justice appropriés[5].

La procédure par laquelle seront choisis les principes de justice est équitable, selon Rawls, parce qu'elle garantit qu'aucun intérêt ou point de vue, résultant des caractéristiques propres à certains individus, ne domine ou n'oriente la délibération à leur avantage et au détriment des autres. Et puisque la procédure est équitable, les résultats de son application, c'est-à-dire les principes choisis à l'issue des délibérations, seront justes au sens où, dans la répartition des biens qu'ils prévoient, les caractéristiques individuelles seront jugées arbitraires : les principes de justice rawlsiens visent précisément à minimiser les écarts qui, dans la société future, pourront être dûs à de telles caractéristiques. La justice de ces principes, c'est l'idée même de justice procédurale, ne relève d'aucun standard extérieur à la procédure elle-même comme, par exemple, les croyances morales antérieures des agents délibérants ou leurs préconceptions de la justice sociale.

2.3. Une des observations qu'on ne peut manquer de faire à propos de la théorie de Rawls est que si la justice des principes est garantie par l'équité de la procédure, l'équité de la procédure dépend, en revanche de la caractérisation que donne Rawls des agents délibérants. Tels que Rawls les conçoit, les agents ne sont pas intéressés à identifier des contraintes acceptables par tous et qui permettraient de retirer le plus grand bénéfice possible de l'interaction sociale, ce qui en ferait des agents simplement rationnels. Ils sont au contraire uniquement intéressés à se prononcer sur la répartition des biens primaires et ceux-ci, il faut le remarquer ne correspondent pas exclusivement aux biens résultant de l'interaction sociale. Ce fait est significatif car il permet de voir que les agents de Rawls s'intéressent essentiellement aux manières de compenser pour les coûts de nature variable possiblement infligés à certains individus plus qu'à d'autres, semble-t-il, de la production des biens sociaux. De plus, quelle que soit l'issue de leur décision, celle-ci portera sur les manières d'effectuer la répartition et non pas sur l'opportunité d'une répartition des biens primaires. Les agents délibérants de Rawls sont, dans ce sens, essentiellement animés par un souci de justice et ils trouvent un intérêt intrinsèque, indépendant de la production proprement dite des biens sociaux, à ce que la société soit régie par des principes de justice. Ce sont des agents qui sont déjà investis d'une préoccupation morale. Si, par ailleurs, leur formulation des principes de justice réussit à échapper à l'influence de leurs caractéristiques individuelles, c'est bien que ces agents, étant donné le voile d'ignorance, n'en ont aucune. Non seulement les agents de Rawls ont-ils déjà découvert le point de vue moral; ils ont de plus la capacité de le mettre efficacement en pratique : par défaut sans doute, mais le résultat est le même, ils accorderont à tous, y compris à eux-mêmes, une égale considération. Les agents de Rawls ne sont pas, comme chez Hobbes, des individus qui, à la poursuite de leurs intérêts individuels, en arrivent à découvrir rationnellement le bénéfice instrumental de la société et de l'impartialité. Ce sont des agents qui initialement animés d'un désir de justice, déjà acquis, par conséquent, au point de vue moral, et soumis aux conditions d'impartialité décrites par le voile d'ignorance, lesquelles garantissent l'équité de leurs délibérations, doivent s'entendre non pas sur l'opportunité de se donner des principes de justice, mais sur le contenu qu'il convient de leur donner. Dans cette optique, la théorie de Rawls n'est pas, mais elle ne prétend pas l'être non plus, une théorie explicative de la moralité; elle n'explique pas comment des individus en arrivent à adopter le point de vue moral, et ce que Rawls appelle la procédure, et qui consiste surtout dans une caractérisation des agents délibérants, est elle-même, et par cela même que Rawls nomme équité, une caractérisation formelle (non interprétée) de la justice. La moralité, est une composante initiale, plutôt qu'une résultante du modèle de Rawls.

Une seconde observation, qui dans le cadre d'un argument contractualiste est un corollaire de la précédente, est que pour rendre compte de la force pratique de ses principes de justice, Rawls doit également présupposer la moralité des agents susceptibles de s'y conformer. La validité de la thèse de Hobbes, selon laquelle s'il est rationnel de s'entendre, au terme d'une délibération, sur une certaine contrainte, alors il sera pareillement rationnel de s'y conformer, dépend de diverses hypothèses dont certaines, nous y reviendrons, sont problématiques. Mais minimalement, elle suppose que les raisons alléguées par des individus, délibérant quant à la nature des contraintes adéquates et acceptables, sont des raisons qui sont aussi accessibles à des individus engagés dans le processus de décider des actions particulières à entreprendre ou à éviter. En d'autres termes, elle suppose minimalement la stabilité du type de raisonnement utilisé par des individus engagés dans des processus de décision différents : celui de choisir les principes de justice et celui de choisir des actions à accomplir.

La théorie de Rawls offre bien une caractérisation du type de raisonnement adopté par l'agent délibérant : c'est le raisonnement maximin. Mais elle énonce aussi les conditions d'adoption de ce type de raisonnement comme étant celles qu'impose le voile d'ignorance : c'est bien parce qu'ils ne savent pas qui ils sont et qui ils seront, et pour parer au pire, que les agents s'entendent sur des principes qui garantissent les plus grands avantages aux plus défavorisés. Or des agents réels engagés dans le processus de décider des actions à entreprendre ou à éviter seront, du moins peut-on le supposer, des agent informés, en particuliers de leurs circonstances individuelles et des lignes d'action qui étant donnée la conjoncture où ils évoluent leur sont personnellement accessibles. La théorie de Rawls ne dit pas pourquoi ni comment, alors que disparaissent les conditions imposées par le voile d'ignorance et, semble-t-il, la nécessité de se replier sur le raisonnement de type maximin, des agents réels devraient acquiescer au consensus auquel sont parvenus les agents délibérants, pourquoi ils devraient trouver de quelque façon acceptable le choix des principes de justice et, *a fortiori*, pourquoi ils devraient décider de s'y conformer dans leurs choix d'action. Des agents réels pourraient mettre en doute, par exemple, le fait que les décisions prises derrière le voile d'ignorance expriment des choix éclairés, voire des choix véritables. Pour soutenir, comme le fait Rawls, qu'il sera rationnel de se conformer aux principes choisis par des agents impartiaux, il faut supposer qu'au moment de choisir les actions à accomplir ou à éviter, les agents réels sauront d'eux-mêmes recréer les conditions d'impartialité qu'établit le voile d'ignorance pour les agents fictifs. Mais ceci équivaut à expliquer la force pratique des principes de justice par le fait que les individus concernés par leur application sont déjà des agents moraux.

Une troisième observation, enfin, concerne la conception rawlsienne de ce qu'est une délibération dans laquelle le point de vue de chacun est représenté et elle vise la notion même de consensus qui est au cœur de l'argument contractualiste de Rawls. Conformément à la caractérisation qu'en donne Rawls, les agents en position originale sont doués d'une égale rationalité, ils sont également informés et ils sont dépourvus de caractéristiques individuelles. Ce sont, à toutes fins pratiques des individus essentiellement numériques, dont on imagine mal ce qui pourrait encore les distinguer les uns des autres. Pour une assemblée constituée de tels individus, les difficultés de la délibération et du consensus sont déjà aplanies; nul n'est besoin d'expliquer comment, dans le jeu de la délibération, ces individus parviendront à surmonter leurs différences culturelles et leurs préférences individuelles, par exemple, pour arriver rationnellement à un accord sur les principes de justice. La force de l'argument du consensus s'en trouve atténuée d'autant, car si on a bien montré que tous seront unanimes quant au choix des principes de justice, ce choix, effectué par des individus identiques, ne diffère guère pour ce qui est de représenter le point de vue de chacun, de la décision qu'aurait pu prendre un individu isolé placé dans les mêmes circonstances.

2.4. De l'argument du consensus Rawls retient, et défend avec un succès mitigé, deux affirmations. La première est que si les principes de justice sont déterminés rationnellement et dans des conditions d'équité, alors il sera également rationnel et raisonnable pour chacun de s'y conformer. Il retient aussi que les principes de justice sont déterminés par le moyen d'une entente conclue entre des individus et que c'est dans le contexte de la délibération conduisant à une telle entente que s'actualisent les circonstances de l'impartialité. S'il ne cherche pas à expliquer l'apparition de ces circonstances, le voile d'ignorance en explicite en tout cas la teneur et on peut au moins faire l'hypothèse qu'ainsi décrites, elles correspondent aux circonstances optimales d'une délibération entre des individus rationnels. Dans cette mesure, on doit à Rawls une clarification non négligeable de l'idée d'impartialité que l'argument de Hobbes fait intervenir sans vraiment l'expliciter. Mais Rawls laisse en suspens une autre composante problématique de l'argument hobbésien, à savoir, l'idée que des individus en viennent, par les seuls moyens de leur rationalité pratique, à créer pour eux-mêmes les circonstances de l'équité. Puisque Rawls ne se propose pas d'expliquer la moralité et ses conditions d'émergence, sa théorie ne fournit aucune hypothèse quant au type de raisonnement et quant au jeu des interactions requis pour que des individus en arrivent d'eux-mêmes à se placer dans les circonstances optimales de la délibération décrites par le voile d'ignorance. Dans cette mesure, la justification des principes de justice de Rawls, même si elle laisse ouverte la possibilité que soient définies les motivations non-morales que peuvent avoir les individus pour être moraux, ne fait pas intervenir directement ces motivations et offre une explication qu'on peut juger insuffisante de ce qui fait la force pratique des principes moraux.

3. LA BASE RATIONNELLE DU CONSENSUS EQUITABLE

3.1. Dans son récent *Morals by Agreement* David Gauthier[6] soutient une version plus radicale de l'argument du consensus.

Pour Gauthier une explication au sens strict des conditions dans lesquelles des individus se conforment effectivement et délibérément à des contraintes morales ne doit pas présupposer la moralité de ces individus. En vertu de l'argument du consensus, il faut donc minimalement établir que les principes moraux sont choisis par des individus initialement dépourvus d'intérêt pour les intérêts d'autrui[7]. Une démonstration de cette thèse équivaut à fournir une explication de l'émergence de la moralité et l'entreprise de Gauthier dans cet ouvrage vise en effet à montrer que la moralité peut être dérivée de la seule rationalité. Gauthier achève une partie de cette dérivation en montrant que les principes de justice sont les principes mêmes de la rationalité à l'œuvre dans le raisonnement pratique.

3.2. Tout comme Rawls, Gauthier fait appel dans cette première partie de sa démonstration à la conception maximisante de la rationalité développée dans le contexte de la science économique et, plus précisément, dans le contexte de la théorie formelle de la décision et du choix rationnel. Gauthier exploite davantage, cependant, et d'une manière différente, les possibilités qu'offre cette théorie de caractériser les choix interactifs c'est-à-dire, les choix basés sur des préférences individuelles mais dans lesquels interviennent les attentes à l'endroit des choix d'autrui. Gauthier soutient aussi que c'est dans l'un des secteurs encore négligés de la théorie de la décision, celui de la négociation rationnelle, qu'on peut concevoir le modèle d'une délibération dans laquelle des individus cherchent, et arrivent, à conclure une entente. Trois composantes de l'argument du consensus seront ainsi formellement explicitées à l'intérieur de ce cadre théorique : l'idée, premièrement, que des individus engagés dans la poursuite d'intérêts personnels différents, voire divergents, peuvent rationnellement conclure un accord quant aux intérêts à poursuivre conjointement : l'idée, deuxièmement, qu'un tel accord requiert, de part et d'autre, des concessions dont la nature et l'ampleur doivent faire l'objet d'une négociation — ou d'une délibération — et finalement, l'idée que l'acceptation d'une concession par l'une des parties en présence, est strictement conditionnelle à l'acceptation, par chacune des autres parties, d'une concession similaire.

Gauthier établit que le contenu d'un accord rationnellement négocié correspond à la mesure relative des concessions que chacune des parties en présence peut rationnellement accepter de faire par rapport aux bénéfices maximum que peut lui rapporter l'interaction avec autrui. Une concession est rationnellement acceptable si elle n'excède pas la plus petite concession compatible avec une concession similaire pour chacun (nul ne veut concéder davantage que ce qui est requis pour s'assurer des bénéfices de l'interaction). Une telle concession est individuellement avantageuse c'est-à-dire, rationnelle pour des individus engagés dans la poursuite de leurs propres intérêts, puisqu'elle garantit des bénéfices non accessibles sans interaction et elle est mutuellement avantageuse, — c'est la condition pour qu'un accord soit conclu — puisqu'elle correspond, pour chacun, au maximum des avantages compatibles avec des avantages similaires pour chacun.

La mesure par quoi Gauthier définit le contenu d'un accord négocié constitue un principe de la théorie de la négociation rationnelle ; celle-ci prédit que des individus, rationnels aux termes de la rationalité maximisante, concluront des ententes conformes à cette mesure. La thèse de Gauthier est que ce principe est aussi un principe de justice sociale dont l'application est susceptible d'induire des rapports équitables entre les membres d'une société et une juste répartition des bénéfices de l'interaction sociale. La dérivation de ce principe de justice en tant que principe de la négociation rationnelle équivaut à établir que la moralité émerge de la seule rationalité maximisante à l'œuvre dans le raisonnement pratique.

3.3. La deuxième partie de la démonstration consiste à établir qu'il est rationnel, du point de vue de la rationalité maximisante, de respecter des ententes conformes aux prédictions de la théorie de la négociation rationnelle, ou en d'autres termes, que l'adhésion dans la pratique à un principe de justice procède exclusivement de la rationalité à l'œuvre dans l'adoption de ce principe. L'écueil de cette démonstration a déjà été prévu par Hobbes : si une contrainte collectivement respectée s'avère profitable pour chacun, il est encore plus profitable, pour chacun, de passer outre à la contrainte dans une société qui y souscrit. Mais alors, la rationalité maximisante qui prescrit à chacun de s'assurer de la collaboration d'autrui en consentant à des accords mutuellement avantageux, recommanderait aussi à chacun de violer ensuite ces accords dans l'espoir de jouir, aux dépends d'autrui, des bénéfices maximum de la vie en société. Pour Hobbes comme pour Gauthier, ce raisonnement est celui du Fou «qui ne peut être admis au sein de la société que par une erreur de celle-ci»; le Fou recherche les bénéfices immédiats et maximum de l'interaction non-coopérative avec autrui, mais il risque l'exclusion et compromet ainsi, pour lui-même, les bénéfices à long terme d'une interaction coopérative. La rationalité maximisante, de ce point de vue, recommande le respect des ententes conclues, mais elle doit aussi, sous peine de s'exposer, paradoxalement, à des interactions désavantageuses, offrir les moyens de déjouer le Fou éventuel.

L'argument de Gauthier sur ce point est long et complexe et il renvoit à un examen général des circonstances mêmes dans lesquelles il est rationnel d'entreprendre une négociation. Une partie importante, et sans doute décisive, de cet argument comporte une hypothèse quant à la capacité des individus à reconnaître les dispositions de leurs partenaires éventuels à l'endroit des ententes conclues; l'autre partie renvoit à l'examen des circonstances préalables à la négociation et qui risquent d'infléchir l'issue de celle-ci au profit d'un des partenaires et au détriment de l'autre. La position de Gauthier est finalement que si la rationalité maximisante recommande le respect des ententes conclues, elle recommande aussi de ne pas conclure des ententes qui, étant données les dispositions ou les circonstances individuelles des futurs partenaires, n'ont aucune chance d'être respectées.

L'essentiel de cet argument est présenté ici dans «Est-il rationnel d'être juste?» et de cet argument de deuxième ordre dépend bien entendu le succès de la démonstration de Gauthier à l'effet que la moralité peut être dérivée de la seule rationalité. Quelques critiques ont estimé qu'en subsumant les conditions pour que soient effectivement conclues des ententes, aux conditions pour qu'une entente soit respectée, Gauthier fait subrepticement intervenir une notion de rationalité différente de celle qu'il utilise pour décrire la négociation proprement dite et, en particulier, pour définir la mesure correspondant au contenu d'une entente négociée; en dernière analyse, la moralité serait ainsi dérivée d'une notion *ad hoc* de rationalité. D'autres ont aussi estimé que les circonstances dans lesquelles il est rationnel, selon Gauthier, d'entreprendre une négociation, présupposent elles-mêmes la moralité. Ces critiques identifient correctement les points névralgiques d'une démonstration complexe et qui fait simultanément intervenir plusieurs niveaux d'argumentation différents. Mais à notre avis, aucune de ces critiques n'a jusqu'à maintenant réussi à établir d'une façon décisive, la non-validité de la démonstration de Gauthier; et si une faille devait être trouvée dans cette démonstration c'est, toujours à notre avis, au niveau où s'articule la notion formelle de rationalité à l'œuvre dans la théorie de la négociation rationnelle qu'il faudrait d'abord en établir l'existence.

«La justice en tant que choix social», également contenu dans le présent ouvrage porte principalement sur ce que nous avons appelé ici, la première partie de la démonstration de Gauthier, à savoir, la dérivation des principes de justice en tant que principes de la théorie de la négociation rationnelle. Gauthier y donne aussi un aperçu général de son entreprise d'où émerge, grâce à de nombreuses références à Rawls et aux conceptions formelles du choix rationnel, une vision particulièrement nette des enjeux et des problèmes du contractualisme dans la philosophie morale et contemporaine.

4. REALITES ET FICTIONS DU CONSENSUS

4.1. Dans la perspective d'une justification contractualiste des principes moraux, John Rawls s'est fait le pionnier d'une entreprise de clarification de la notion de consensus et David Gauthier a montré, avec une précision qui restera sans doute inégalée, la force mais aussi les difficultés que présente la mise en forme rigoureuse et complète de cette notion. Dans ces deux théories, normatives puisque l'une et l'autre énoncent les principes qui devraient guider les institutions sociales, le consensus et la délibération qui y aboutit reçoivent le statut de fictions théoriques ; ce sont les termes mêmes utilisés par Rawls pour parler des circonstances du choix des principes de justice[8] et Gauthier se réfère ici, pour ce qui est de la négociation rationnelle, à un exercice de reconstruction formelle[9]. Ni l'argumentation de Rawls dont nous avons discuté plus haut, ni celle de Gauthier, ne supposent la réalité empirique de la procédure de décision collective correspondant aux circonstances de la délibération décrites dans leur théorie respective. Ni Rawls ni Gauthier ne supposent même, dans le contexte de cette argumentation, que les membres d'une communauté sociale existante et éventuellement régie par les principes qui, dans leur théorie, font l'objet d'un consensus, devront de quelque façon être appelés à faire publiquement et explicitement l'unanimité quant à ces principes. Dans cette mesure, ni la notion de délibération, ni celle de consensus, bien que toutes deux fassent partie d'un modèle qui vise à rendre compte du fonctionnement empirique de pratiques morales dans une société, ne sont en elles-mêmes destinées, dans ce contexte, à décrire des réalités empiriques.

La question est intéressante, cependant, de savoir si, en dehors du rôle de fiction théorique qu'elles peuvent jouer dans un argument de type contractualiste, les notions de délibération et de consensus peuvent aussi être conçues comme décrivant des phénomènes empiriques reliés à l'existence et au fonctionnement des règles morales dans des sociétés réelles. A la lumière d'un autre argument, également présenté dans *A Theory of Justice* à l'appui des principes de justice, il semble que John Rawls ait aussi endossé un tel réalisme à l'endroit de la notion de consensus. L'argument de la stabilité, tel est le nom donné par Rawls à ce second argument[10], soutient en effet que les principes de justice et, plus fondamentalement, l'ensemble des conditions posées par Rawls sur les circonstances d'une délibération en vue du choix de ces principes, reçoivent une justification supplémentaire du fait qu'ils correspondent aux intuitions morales contemporaines concernant la justice et les conditions de l'équité. L'unanimité, supposée ici au sein d'une société existante, est le pendant empirique du consensus et elle lui ajoute une portée descriptive dont il apparaissait certainement dépourvu lorsque, en vertu l'argument du contrat, il s'établissait entre des agents idéaux et dans des circonstances également idéales.

C'est aussi en suggérant la possibilité d'une interprétation réaliste de la notion de consensus que Jan Narveson dans le présent ouvrage, conclut à la supériorité théorique d'une éthique contractualiste. Selon Narveson, les règles morales effectives dans une communauté sociale ont cette capacité, caractéristique et observable, d'induire des comportements qui seront spontanément renforcés par les membres de cette communauté. Un tel renforcement, pratiqué à l'endroit d'un ensemble donné de comportements, suppose minimalement un consensus tacite au sein d'une communauté, quant aux règles et principes jugés acceptables dans cette communauté. Pas plus que Rawls dans l'argument de la stabilité, Narveson n'a besoin de supposer ici qu'un tel consensus soit le fruit d'une délibération, ni non plus que les termes en aient été historiquement déclarés. Dans les deux cas, il s'agit davantage d'un consensus manifesté — dans l'approbation ou la désapprobation sociale — que d'un consensus déclaré. Mais le caractère tacite du consensus n'enlève rien à l'existence sociale que lui reconnaissent par ailleurs ces deux philosophes ni au réalisme qu'ils endossent par conséquent à l'endroit de la notion de consensus lorsqu'elle est utilisée dans le contexte de l'argument contractualiste.

4.2. L'interprétation réaliste de la notion de consensus présente quelques difficultés que Rawls et Narveson contournent avec un succès inégal. La première difficulté apparaît lorsque le consensus empirique allégué constitue, comme chez Rawls, une justification du contenu des principes moraux. Que l'adéquation entre les termes d'un consensus existant dans une société actuelle et des principes qui se veulent normatifs soit conçue comme un critère du bien-fondé de ces derniers semble indiquer, les critiques l'ont amplement souligné, un parti-pris pour le conservatisme en matière morale, et, à la limite, une tentative de justifier l'ordre établi. A notre avis, ce n'est pas tant le conservatisme qu'il faut redouter ici — les intuitions en matière de justice renvoient, pour Rawls, aux jugements considérés et réfléchis de ses contemporains — que l'ethnocentrisme qui risque, à la faveur d'une telle justification, de biaiser le contenu des principes de justice. On pourrait toujours arguer, précisément dans le cadre d'un argument contractualiste, que de toutes façons les règles morales sont les règles d'une société donnée, mais Rawls affirme par ailleurs la validité de ses principes de justice pour toute société dotée d'une démocratie constitutionnelle.

Le réalisme de Narveson, dans les termes où il se manifeste ici, porte uniquement sur l'existence d'un consensus social et non pas sur ses contenus ; il évite ainsi les problèmes qu'on a pu remarquer chez Rawls. Mais dans l'exacte mesure où une interprétation réaliste de la notion de consensus évite ces problèmes, elle en rencontre un autre : si l'existence d'un consensus est indissociablement liée au mode de fonctionnement des règles morales dans une société réelle, alors un argument contractualiste à l'appui de principes différents de ceux qu'on trouve à l'œuvre dans une telle société devra pouvoir expliquer, non seulement comment s'effectue un consensus quant à ces principes, mais aussi comment s'effectue la révision ou le rejet d'un consensus antérieur. L'argument contractualiste devrait donc s'assortir d'une composante inusitée, à savoir, d'une explication du changement social en matière de moralité.

4.3. C'est dans cette optique que Kai Nielsen développe ici la méthode de l'équilibre réfléchi large. Cette méthode, qualifiée par Nielsen d'heuristique, s'applique à l'identification d'une base consensuelle susceptible de justifier une conception des institutions sociales et politiques ainsi que les jugements moraux inévitablement à l'œuvre dans une telle conception. Fonctionnellement parlant, la méthode de l'équilibre réfléchi peut être comparée à la procédure de délibération des contractualistes. Elle s'en démarque cependant de deux manières. Premièrement, la méthode inclut un processus d'évaluation et de révision des jugements socialement reçus, et dans lequel la capacité réflexive des agents rationnels, mais aussi leurs croyances, jouent un rôle primordial. Les notions de délibération et de consensus qu'on retrouve chez Nielsen sont ainsi des notions contextualisées, susceptibles de s'insérer, en évitant les antinomies du raisonnement pratique, dans un modèle du changement et de la transformation sociale.

La méthode de l'équilibre réfléchi large se distingue aussi d'une procédure de délibération contractualiste dans la mesure où son application requiert des compétences qui ne sont nullement supposées de chacun des membres d'une société, ni sans doute, d'aucun agent individuel. Parmi ces capacités, figurent celle de procéder à l'intégration d'un ensemble de savoirs aussi bien philosophiques, nommément en ce qui concerne les théories morales, qu'historiques, sociologiques et politiques ; celle d'évaluer les options ouvertes par ces disciplines dans l'optique de l'amélioration de nos conditions sociales et, finalement, la capacité de mesurer la faisabilité empirique des institutions susceptibles de réaliser ces options. C'est dans l'exercice de ces capacités que les agents effectuent une révision d'un système établi de croyances et dégagent un nouveau consensus quant à la nature et à la forme des institutions politiques et sociales.

La réalisation d'un consensus au sens où l'entend Nielsen dépend pour une large part, on le constate ici, de deux conditions : la première est l'existence de convergences, d'abord, entre les diverses sciences sociales et ensuite entre les sciences sociales et les valeurs ; la deuxième est la pertinence de ces convergences pour une conception des institutions sociales et politiques. L'approche cohérentiste préconisée ici par Nielsen vise précisément à identifier de telles convergences. Les deux conditions pré-citées permettent de rendre compte, en grande partie par le développement des sciences sociales elles-mêmes, de la possibilité d'une révision des systèmes de croyances, incluant les systèmes de valeurs morales. C'est en partie sur cette base que Nielsen peut arguer ici de la possibilité, pour une communauté sociale, d'établir un consensus qui soit davantage que la reproduction d'un ordre déjà établi et qu'il s'oppose à une version idéalisée de la critique sociale en vertu de laquelle telle critique requérerait le point de vue de l'extériorité absolue.

L'idée que le consensus en matière d'institutions sociales dépend de l'existence de convergences pertinentes au sein des sciences sociales va de pair avec l'idée qu'une approche scientifique doit prévaloir sur des conceptions philosophiques lorsqu'il s'agit d'asseoir les bases de ces institutions. C'est une position défendue ici par Nielsen et c'est une position à laquelle s'est finalement rallié Rawls dans ses plus récents articles [11], alors qu'il assigne à la philosophie politique la tâche d'identifier et de constituer « les bases publiquement partagées de nos institutions politiques et sociales » [12].

5. MORALITES

Les trois articles qui constituent le corps de cet ouvrage renvoient à trois conceptualisations différentes de la notion de consensus. Ces conceptualisations diffèrent aussi bien du point de vue du cadre théorique à partir duquel elles s'articulent que du point de vue des aspects du consensus qu'elles visent à mettre en évidence. Pour David Gauthier, il s'agit d'expliquer, dans le cadre d'une théorie formelle du choix rationnel, l'émergence et la stabilité du consensus; Jan Narveson fait ressortir, en adoptant un point de vue socio-anthropologique, l'existence empirique du consensus moral tandis que Kai Nielsen vise, dans le contexte de la théorie critique, à mettre en évidence les mécanismes de la révision d'un consensus. Ces divergences pourraient suggérer que les auteurs qui ont contribué au présent ouvrage s'adressent à trois niveaux d'explication, différents mais complémentaires, qu'une théorie morale unifiée devrait être en mesure de produire : celui de l'émergence de la moralité, celui de mode de fonctionnement et enfin, de la révision des règles morales. C'est un point de vue que les auteurs, d'un commun accord cette fois, ne partageraient pas. Car dans chacun des cas, la notion de consensus à laquelle on se réfère est tenue pour une justification nécessaire et suffisante d'une conception de la justice ; par le biais d'une caractérisation différente du consensus et de ses conditions d'existence, ce sont donc des conceptions différentes de la moralité et de la portée, de la fonction et du contenu des règles morales qui se côtoient ici.

Mais par le fait même qu'ils conçoivent la justification des principes moraux dans les termes de la notion de consensus, quelle que soit la caractérisation qu'ils en retiennent par ailleurs, les auteurs participent d'un point de vue commun qui les singularisent dans la sphère de la philosophie morale.

En vertu de la logique même du consensus, l'acceptabilité des règles morales dépend des conditions de leur application effective ; en faisant appel à la notion de consensus pour justifier les principes moraux, chacun des auteurs met ainsi de l'avant, en tant que propriété essentielle de la morale, la capacité qu'a celle-ci de déterminer des comportements. C'est dans la mesure où l'on prend en considération l'efficace caractéristique de la morale que la question du respect des principes moraux, dont traite ici Gauthier, prend toute son acuité. C'est aussi dans cette optique qu'apparaît la pertinence, soulignée par Narveson, d'une description du fonctionnement empirique des règles morales, et c'est dans cette perspective aussi que se comprend l'importance attachée par Nielsen, premièrement à la faisabilité des institutions grâce auxquelles les principes moraux peuvent s'actualiser à l'échelle sociale et deuxièmement, à la compréhension des mécanismes culturels et sociaux de la révision des valeurs morales. Mais en endossant ainsi une conception de la morale en tant que savoir pratique, axé sur la conduite effective de la vie en société, les auteurs qui ont contribué à cet ouvrage endossent également l'idée que la question des fondements de la morale est, comme le dit ici Narveson, une question pratique. C'est dans cette optique que la justification des principes moraux renvoie, chez Gauthier, aux principes du choix interactif basé sur un calcul des préférences, c'est-à-dire à une conception de la rationalité pratique. C'est aussi dans cette optique que Nielsen fait dépendre d'une connaissance empirique de la société la détermination des principes de justice. Chez ces trois auteurs on observe ainsi un déplacement de la question des fondements de la morale. Traditionnellement, cette question nous renvoyait à des critères logiques et épistémologiques davantage appropriés pour décrire les fondements des savoirs théoriques ; elle nous renvoit ici aux conditions d'établissement des pratiques sociales.

Cette conception de la morale et de ses fondements nous amène à repenser le rôle qu'a traditionnellement joué la philosophie dans ces domaines. Si les méthodes de la philosophie sont essentiellement spéculatives et déductives, rien ne garantit la pertinence de ses jugements en matière de règles d'action effectives. Et si les approches analytiques en philosophie la rendent, de par leur nature même, insensible ou indifférente à la compréhension d'une rationalité tournée vers la réalisation d'objectifs pratiques ainsi qu'aux données que cette rationalité doit mettre à profit, rien ne garantit qu'elle puisse de quelque façon aborder la question des fondements de la morale. Ce n'est pas à un rejet de la philosophie en matière de morale, mais très certainement à une redéfinition du rôle de la philosophie dans ce domaine que nous convient, plus ou moins explicitement et plus ou moins radicalement, les auteurs qui ont contribué à cet ouvrage.

NOTES

[1] Baier 1958, chap. 7 section 3.
[2] Habermas 1983.
[3] Rawls 1971.
[4] Rawls 1971, pp. 92, 396 [1987, pp. 123, 438].
[5] Rawls 1971, pp. 60, 302-303 [1987, pp. 91, 341].
[6] Gauthier 1986.
[7] Il faut remarquer que ceci ne présume en rien du contenu des intérêts individuels et n'exclut pas, en particulier, qu'un individu prenne en considération les intérêts d'autrui. Tout ce qui est affirmé ici est que pour peu qu'un individu le fasse, il le fera au nom de ses intérêts individuels.
[8] Rawls 1971, pp. 17-19, 120 [1987, pp. 44-46, 153].
[9] P. 75 du présent ouvrage.
[10] Rawls 1971, pp. 19-22, 46-53, [1987, pp. 46-49, 72-77] et sections 29, 79-82.
[11] Rawls 1985, 1987b, 1989.
[12] Rawls 1987, p. 1.

Remarques sur les fondements de la morale

Jan NARVESON

1. INTRODUCTION

La philosophie morale, plus tôt au cours de ce siècle, s'est donné pour tâche principale de fournir une analyse adéquate de phrases telles que « x est l'action correcte (*right*) ». Ce projet constituait une version, ou un aspect, de la question des fondements de la morale. Depuis lors, ce projet, sous cette forme en tout cas, est plus ou moins tombé en désuétude. Les écrits en philosophie morale sont aujourd'hui en grande partie consacrés à des essais ponctuels dans des domaines « appliqués » : éthique médicale, éthique des affaires, éthique de l'environnement, et ainsi de suite. Et apparemment on croit que l'accent mis sur ces questions rend caduc l'antique projet de donner à la morale des fondements ou, à tout le moins, nous dispense de le poursuivre.

Cette croyance est erronée. Il est toujours aussi nécessaire, et pour la même raison, d'établir les fondements de la morale. Cette raison, faut-il remarquer, ne découle pas du « principe de l'Everest » : elle ne réside pas simplement dans le fait que la morale soit « là ». Elle est là, bien entendu, et cela constitue certainement *une* raison de s'y intéresser, mais ce n'est pas *la* raison. La raison, c'est que la morale est d'ordre pratique. Des différences dans ses fondements entraînent des différences en pratique. Il *importe* de savoir quelle conception des fondements est correcte : car nous agirons différemment selon qu'une conception, plutôt qu'une autre, est correcte. Dans les remarques qui suivent, je m'attaquerai à la question des fondements de la morale, d'abord en essayant de parvenir à une certaine précision quant à ce qu'est cette question, ensuite en tirant une conclusion sur ce à quoi les fondements de la morale doivent ressembler.

La première partie de ce projet peut sembler relever de l'«essentialisme» : la conception de «ce qu'est la question» ne change-t-elle pas d'un individu à l'autre? Et parler de «clarification», n'est-ce pas par conséquent présupposer indûment une Essence de la Moralité? Après tout, n'y-a-t-il pas eu beaucoup de désaccords en cette matière à travers les siècles? Si je soutenais qu'il ne doive y avoir qu'une seule définition adéquate de la morale, de la moralité ou même de l'éthique, toutes les autres étant en quelque sorte écartées, alors cette objection, j'en conviens, serait décisive et mon projet absurde. A notre époque, cependant, nous avons mieux à faire que de nous laisser abattre par l'échec de l'essentialisme. Nous pouvons, sans embarras, désavouer tout présupposé selon lequel les usages ordinaires d'«éthique», de «morale» ou de «moralité» ne peuvent signifier qu'une seule chose. Sans aucun doute, la réflexion d'ordre linguistique pourrait nous être ici de quelque secours, mais ce qu'il en ressortirait vraisemblablement, c'est qu'il existe des usages distincts de chacun de ces termes. Ce qu'il nous faut faire, donc, c'est décider de quel usage nous voulons discuter, peut-être en expliquant comment ce qu'on en dit s'applique ou non à d'autres usages possibles, et certainement en expliquant pourquoi celui que nous avons choisi vaut la peine d'être discuté. C'est la méthode que j'emploierai ici.

Il y a à l'évidence deux termes qui appellent une explication : ce sont (1) «fondements» et (2) «morale» ou «moralité» (j'utiliserai ces deux termes indifféremment). Je parlerai ici de fondements au sens où ce terme s'applique à la moralité en particulier sans me préoccuper de ce qu'il peut signifier pour les autres parties de la philosophie, ni même pour les autres secteurs de l'éthique que celui que je me propose de distinguer sous le terme de «moralité».

2. «FONDEMENTS»

Il y a quatre questions différentes qu'il peut sembler raisonnable d'identifier à celle des fondements de la morale (et qui en effet l'ont été à diverses époques de l'histoire de la philosophie). Ce sont :

1. «Qu'est-ce que la moralité?», c'est-à-dire «que signifie le terme ‹moralité› (et ses concepts associés, tels ‹correct› (*right*) et ‹devoir›

(*ought*)?» Quels problèmes sont des problèmes moraux? Quels phénomènes sont des phénomènes moraux? Bref, cette question concerne l'analyse du ou des concepts de morale.

2. «Pourquoi les gens se soucient-ils de moralité? Pourquoi agissent-ils suivant des considérations morales?»

3. «Pourquoi *devrions*-nous nous soucier de moralité? Pourquoi devrions-nous agir suivant des considérations morales?» En somme, la question est de savoir : «Pourquoi devrais-je être moral?»

4. «Quel est ou quels sont les *principes fondamentaux* de la moralité?»

Il semble qu'on a parfois supposé que ces questions étaient tout à fait indépendantes les unes des autres et qu'il est possible de répondre à l'une en ignorant tout de la manière dont on pourrait aborder les autres. Mais cela est certainement erroné; bien entendu, ce que cherchent les philosophes, ce sont des réponses *générales* à ces questions. Or, chacune de ces questions est susceptible de connaître divers types de variations. En ce qui concerne la question (1), nous avons déjà remarqué que le terme «moralité» n'est probablement pas univoque. Cependant, nous avons aussi vu quelle était la solution : identifier le sens dont nous voulons nous occuper et nous y tenir. Dans le cas présent, bien sûr, cela signifie utiliser le terme «moralité» dans le même sens pour les quatre questions que nous avons énumérées plus haut. Si nous ne le faisons pas, il n'y aura rien de surprenant à ce que les réponses n'aient aucun rapport entre elles. Ainsi, en considérant les questions (2) et (3), il nous faut reconnaître que Jones peut se soucier de moralité pour des raisons tout à fait différentes de celles qu'aurait Smith, au moins dans divers cas particuliers. Et il peut s'avérer que certaines des raisons pour lesquelles on *devrait* se soucier de moralité varient aussi de l'un à l'autre et d'un cas à l'autre.

Néanmoins, certaines raisons peuvent être plus centrales, plus fondamentales que d'autres. Ainsi, bien qu'un individu puisse avoir des raisons manifestement non morales pour agir moralement (ou immoralement) dans un cas donné, ce qui nous intéresse est de savoir s'il y a des raisons d'agir dans les domaines qui, en vertu de la réponse que nous aurons donnée à la question (1), sont pertinents pour la moralité, des raisons telles que nous puissions de manière plausible les considérer comme propres à notre sujet. Nous pourrions, en d'autres termes, être capables de trouver les raisons centrales pour lesquelles les gens se soucient (souvent) de moralité. Mais les raisons pour lesquelles ils s'en soucient effectivement, dans les cas privilégiés où nous pouvons constater que ces raisons sont propres à notre sujet, seront identiques aux raisons que nous avons identifiées en répondant à la question (3), c'est-à-dire aux raisons pour lesquelles ils devraient s'en soucier. Et si nous sommes incapables de produire ces raisons, alors des effets fâcheux pourront se répercuter sur la réponse que nous donnerons à (1), ou sur la cohérence — et donc, cela va de soi, sur l'utilité — de la notion de moralité que nous essayons de préciser. Et si cette notion correspond, dans une mesure raisonnable, à l'une des notions du sens commun, alors cela devrait avoir sur le plan pratique des conséquences fort significatives.

Considérons maintenant la question (4). Supposons que la moralité soit un ensemble de règles, de principes et de vertus. Cet ensemble n'est pas arbitraire : certainement, nous avons des raisons de considérer chacun de ses éléments comme faisant partie de la moralité. Supposons maintenant que nous voulons trouver dans cet ensemble quelques principes ou même un principe unique sur lequel reposent tous les autres : un principe fondamental en ce sens que le reste peut en être dérivé. S'il existe un ou de tels principes, cela est certes très intéressant, mais ne nous dit pas pourquoi ceux-là, plutôt que d'autres principes fondamentaux, devraient être considérés comme les (vrais) principes fondamentaux de la moralité. La réponse à la question (4), bref, ne peut pas être une réponse à la question (3). Trouver une bonne réponse à (4) faciliterait la tâche de donner une réponse à (3), mais elle constitue un projet différent et moins fondamental que celui qu'on envisage en soulevant la question (3). En revanche, trouver la raison pour laquelle nous devons faire ce que la moralité nous dit de faire nous mène directement au cœur du problème. En l'absence d'une telle raison, nous pourrions devoir conclure, comme le sceptique, que la moralité est tout simplement dépourvue de sens et ne présente aucun intérêt. A moins qu'une bonne réponse à la question (3) ne soit donnée, le sceptique pourra continuer à dire cela aussi bien des principes les plus fondamentaux de l'ensemble « moralité » que de n'importe quel autre élément de cet ensemble.

En bref, donc, les fondements de la moralité nous sont donnés par la réponse à (3). Notre réponse à (1) nous apprend simplement en quoi consiste la question (3). La réponse à (2), pour sa part, est qu'à chaque fois que les gens agissent conformément à la moralité correctement conçue, ils agissent pour les raisons, quelles qu'elles soient, que nous aurons établies dans notre réponse à (3). Dans les autres cas ils agissent pour des raisons d'un autre ordre qui devraient faire l'objet d'une enquête empirique; il pourra s'avérer alors qu'elles ne présentent pas d'unité particulière. Notre réponse à (4), enfin, simplifie l'ensemble des propositions morales dont nous cherchons les fondements, mais elle est elle-même incapable de les donner. (L'idée selon laquelle elle peut le faire et qu'elle le fait n'est qu'une variante de l'intuitionnisme, dont il sera question plus bas.) Bien entendu, nous pouvons — et à l'évidence nous devrions — tenir compte des agissements réels des gens quand nous considérons (3). Si « la raison pour laquelle nous devrions agir moralement » est de ces raisons pour lesquelles nous ne voyons jamais agir qui que ce soit et pour lesquelles nous pouvons difficilement imaginer qu'on puisse agir, cela vient sûrement de ce que nous avons donné une mauvaise réponse à (3) : on ne fournit pas de bonnes explications en évoquant l'inintelligible.

J'ai énoncé la question (3) en des termes qui peuvent paraître individualistes à l'excès : pourquoi devrais-je, moi, être moral ? J'ai présupposé en fait que la question, formulée à la première personne du singulier, était la même que celle formulée à la première personne du pluriel : « Pourquoi *devrions-nous* être moraux ? » Cela est intentionnel et, bien entendu, il est nécessaire de s'en expliquer. Nous y reviendrons. Pour le moment, nous n'en sommes qu'à des remarques préliminaires sur les fondements. Tournons-nous maintenant vers la moralité.

3. LA MORALITE

Le terme « moral » peut bien évidemment être ambigu. Songeons seulement aux expressions « fibre morale », « sciences morales » (à la « Oxbridge »), « accusation morale », « moralement sûr », et ainsi de suite. La situation se complique encore quand nous tentons de mettre en rapport les adjectifs « moral » et « éthique », les noms « moralité » et « éthique ». Ma conviction est que les choses risquent de s'embrouiller sérieusement, voire fatalement, si, lorsque nous abordons le sujet dont je veux discuter, nous ne nous efforçons pas de le distinguer de celui (ou ceux) plus général que j'entends laisser de côté. Ma façon de procéder ici consistera à identifier un *designatum* du terme « moralité » qui apparaisse clairement comme l'un des principaux, l'un de ceux qui s'imposent à notre attention. A propos du *designatum* ainsi identifié, je soutiendrai qu'il est raisonnable de supposer (1) qu'il est au moins l'un des sujets que les philosophes ont désignés par ce terme ; (2) qu'il constitue un sujet d'investigation valable par lui-même et (3) qu'une enquête philosophique peut contribuer et contribue en effet à clarifier la question des fondements de la morale. Il y a un autre terme, celui de « valeur », qu'il faudra considérer au cours de notre discussion. Nous pouvons raisonnablement parler de « valeurs morales »; mais au sens où nous pouvons le faire, nous pouvons aussi parler d'autres sortes de valeurs : bref, « morale » ≠ « valeurs »; si pourtant on veut poser cette équation, c'est probablement qu'on a identifié un sujet différent de celui dont nous discuterons ici.

3.1. Morale et éthique

S'il est un sujet plus général dont je ne discuterai pas ici, sinon pour le mettre en contraste avec celui qui m'intéresse, c'est celui-ci : comment vivre ? de manière générale, que doit-on faire ? quelles sont nos valeurs ultimes (ou quelles devraient-elles être) ? quel est le sens de la vie ? qu'est-ce qui constitue la vie bonne pour l'être humain (ou pour un individu quelconque) ? Ce sont manifestement des questions importantes et qui méritent d'être discutées, mais elles ne constituent pas comme telles le sujet de la moralité.

3.2. Moralité *de facto* : le « sens anthropologique »

Mon point de départ pour identifier la moralité sera ce que j'appellerai le « sens anthropologique » du terme « moralité » : c'est-à-dire le sens dans lequel nous pouvons parler, avec les anthropologues, de la « moralité de Zunis », ou de la « moralité des Iks », etc. (mais *pas*, disons, de la moralité d'un matou). Dans ce sens, la moralité est aussi désignée comme moralité « *de facto* » : la moralité qui est, par opposition à la moralité qui doit être, à supposer qu'elle en diffère. En ce sens habituel, nous avons besoin (1) d'une conception du groupe dont nous étudions la moralité, de la « société » où la moralité s'applique et (2) d'une identification des aspects de la vie et des activités dans un groupe quelconque susceptibles d'être désignés par le terme de « moralité ».

3.2.1. La société

Bien qu'il y ait des circonstances où cela puisse revêtir de l'importance, point n'est besoin ici de nous attarder trop longtemps à préciser le sens de « société ». Dans le cas qui nous occupe, nous pouvons nous contenter de penser la société dans son acception la plus large, soit comme un groupe de personnes qui interagissent : nous ne voulons pas dire, bien entendu, que chaque personne interagit avec chacune des autres, mais plutôt que chacune interagit avec au moins certains autres membres du groupe. Evidemment, on aura, selon le nombre et le type d'interactions considérées, différents niveaux de caractérisation de ce qu'est un groupe. En principe, une fois que nous avons spécifié ces variables, nous avons identifié un groupe : de telles spécifications, si elles sont différentes, identifieront des groupes de types différents mais qui se recoupent les uns les autres et aussi des groupes dont les structures correspondent plus ou moins à l'intuition commune véhiculée par le langage courant. Ceci, je l'ai dit, n'importe guère pour notre propos. Je tiens seulement pour acquis qu'il peut y avoir une grande quantité de groupes ayant une moralité au sens pertinent du terme; c'est alors que pourrait se poser le problème du relativisme moral. S'il est un groupe susceptible de nous intéresser considérablement, c'est le groupe qui comprend tous les individus. Il est difficile de dire jusqu'à quel point nous pouvons attribuer une moralité *de facto* à ce vaste groupe. Mais il constitue un terrain d'enquête adéquat pour qui veut explorer la possibilité d'une moralité philosophiquement justifiable. De cela aussi nous discuterons plus bas.

3.2.2. La définition de « moralité »

Nous en venons donc à (2) : quels aspects de la vie et des activités d'un groupe le terme « moralité » désigne-t-il ? Je vais simplement exposer ici l'analyse que je propose. En termes abstraits, la moralité de S, où S est un groupe ou une société quelconque, peut être identifiée à l'ensemble des directives générales gouvernant le comportement de chacun dans S, directives qui sont informellement renforcées (*reinforced**) par (à peu près) tous les membres de S en tant qu'elles font autorité pour tous. Je commenterai chacun des éléments de cette définition comme suit : [a] un *ensemble* (plus ou moins formulable) de [b] *directives* [c] *générales* qui prescrivent à [d] *chacun(e)* [e] les *comportements à adopter* en diverses circonstances et qui sont [f] *largement* (et, s'attend-on, universellement), [g] et *informellement* [h] *renforcées* dans S du fait qu'elles [i] *font autorité*.

[a] Il ne faut pas entendre par « ensemble » quoi que ce soit de bien défini ou de très précis. Les membres de l'ensemble dont il est question ici — appelons-le « M » — sont les règles morales de la société S; de façon caractéristique, celles-ci sont plutôt nombreuses et, selon toute probabilité, assez peu définies. Nous nous attendrions ici à ce que l'anthropologue, et aussi les membres de la tribu elle-même, soient parfois incapables de décider si telle règle possible R est oui ou non un élément de M. Néanmoins, certaines règles seront incontestablement des éléments de M et d'autres ne le seront incontestablement pas. Ce qui importera ici sera de savoir comment une règle particulière R acquiert le statut d'élément de M.

[b] Les *directives* dont il est question ici peuvent être vues comme des règles, des vertus, des paradigmes ou des idéaux. Ici, le terme de « rè-

gles» doit recevoir une extension assez vaste pour comprendre ce que nous pourrions vouloir distinguer, pour une raison ou pour une autre, comme des «principes». J'entends aussi laisser relativement ouvert le sens du terme «directive». La force ou l'urgence d'une directive peuvent varier considérablement. Une règle peut exiger absolument de l'agent A qu'il fasse x sous peine de mort, comme elle peut recommander à A de faire x dans la perspective d'être psychologiquement récompensé par les membres les plus en vue de S; la règle peut encore tenir x pour un idéal qui, pour être difficilement accessible, n'en mérite pas moins d'être poursuivi, et ainsi de suite. Il apparaît clairement que le lien est étroit entre le fait de dire à quelqu'un, A, de faire x et celui de renforcer chez A le comportement qui consiste à faire x. Dire et renforcer ne diffèrent pas du tout au tout. Si je dis à A de faire quelque chose, je tente, par le fait même, d'amener A à faire cette chose. Je m'engage, au même titre que si j'entreprenais de renforcer un comportement, dans une action sous-tendue par l'intention d'augmenter la probabilité que A fasse la chose en question.

[c] Les directives sont *générales*, en ce sens que l'individu qui les a intériorisées peut de manière satisfaisante les transposer d'une situation à l'autre au lieu de devoir chaque fois repartir à zéro pour identifier ce qui est voulu. C'est l'une des raisons pour lesquelles l'«ensemble» dont nous avons traité en [a] ne reçoit pas de caractérisation très précise. Ainsi, l'anthropologue théoricien peut trouver un moyen ingénieux de produire toutes les règles connues de la tribu S à partir d'une unique formule abstraite F. Cette formule est-elle alors un élément de M? Peut-être que non, du moins au sens où elle n'est pas reconnue comme telle par les membres de S, mais peut-être que oui, au sens où les gens agissent de fait comme si elle était un élément de M : l'hypothèse selon laquelle F est la règle morale fondamentale de cette société permettrait de prédire de façon fiable leur comportement. Le problème de l'explicitation des règles morales sera important quand viendra le moment de discuter de leur justification; il ne l'est pas si notre but est seulement de décrire et de prédire les comportements.

[d] Les personnes à qui les règles disent de faire telle ou telle chose sont *chacune* des personnes qui appartiennent à cette société; les règles dirigent les gens non pas en tant qu'ils ont des occupations ou des intérêts particuliers, mais en tant qu'ils sont membres de la société. Toute règle décrite comme «une règle morale de S» concerne chacun dans S. Bien entendu, certaines règles viseront spécifiquement certains sous-groupes : les oncles, par exemple, ou encore les femmes adultes. La généralité de ces règles demeure cependant garantie de deux manières.

La première, c'est que même si une règle prescrit aux oncles ce qu'ils doivent faire, elle s'adresse à eux en tant qu'ils entretiennent, d'une façon ou d'une autre, des rapports avec le reste de la société : on considérera que les oncles jouent un certain rôle social et que de ce fait ils interagissent avec le reste de la société. L'autre aspect de cette règle qui en fait une partie intégrante de la moralité du groupe, c'est qu'en plus de dire quoi faire aux membres d'un sous-groupe particulier, elle prescrit à *tous les autres* ce qu'ils doivent faire vis-à-vis les membres de ce sous-groupe. Disons simplement pour l'instant que chacun sera enjoint de participer jusqu'à un certain point au renforcement de la règle qui concerne ce sous-ensemble. Par exemple, si une règle défend aux frères d'épouser leur propre sœur, alors tous les autres, dans la mesure du possible, sont enjoints de ne pas laisser un frère qui serait enclin à le faire épouser sa sœur. La règle dira aussi à chacun qu'il doit élever ses enfants de façon à ce qu'ils acquièrent le sentiment que l'on ne doit pas s'unir à son frère ou sa sœur.

[e] Le terme *comportement* ne doit pas avoir ici une connotation exclusivement «extérieure». Nous parlons d'action intentionnelle; or de telles actions comportent à la fois un versant «extérieur» et un versant «intérieur». Il n'y a pas de véritable acquiescement si le versant «exterieur» ne s'accompagne pas d'un versant «interieur». D'excellentes raisons ont poussé les philosophes et les gens ordinaires à considérer la moralité comme quelque chose d'essentiellement intérieur — de même que d'excellentes raisons les ont aussi poussés à la considérer comme quelque chose d'essentiellement exterieur. Manifestement, la moralité est à la fois extérieure et intérieure — même si, comme nous allons le voir, ce qui importe du point de vue intérieur pour un individu quelconque, c'est le versant extérieur du comportement de tous les autres. Et nous pouvons nous attendre à ce que, du point de vue des fondements de la morale, le versant intérieur des règles importe à l'individu surtout dans la mesure où le versant extérieur lui importe.

Par conséquent, l'accent mis sur les «actes» lorsque nous parlons de comportement ne signifie pas que nous nous engagions dans ce débat philosophique familier où l'on cherche à déterminer si la moralité consiste d'abord en actes extérieurs ou bien en états intérieurs, les vertus. Je pense qu'il y a un sens clair selon lequel les actes doivent primer : je ne vois pas comment on pourrait expliquer une certaine vertu morale sans avoir une idée quelconque du type de comportement qu'adopterait une personne censée posséder cette vertu. Néanmoins, il se pourrait aussi que notre moralité, M, mette surtout de l'avant un ensemble de vertus destinées à nous guider, laissant ainsi à chacun une marge de manœuvre considérable pour décider quels actes exige l'exercice de telles vertus. Mais il y a une chose, cependant, qui ne varie pas : chez chacun des individus, la moralité doit consister en une ou des *dispositions intériorisées*. Celles-ci sont de deux types bien connus : d'abord, il y a les dispositions à adopter effectivement le comportement qu'exige la règle ou que commande la vertu en question, ensuite, il y a les dispositions chez l'agent à être affligé d'une détresse psychologique raisonnablement grande s'il adopte un autre comportement que le comportement requis ou à se sentir récompensé dans le cas contraire. Le but des comportements sociaux de renforcement sera en général de faire naître ces états intérieurs.

[f] La moralité de S est *largement* renforcée (et on s'attend même à ce qu'elle le soit universellement). Jusqu'à quel point est-elle renforcée ? Ici encore, il n'est pas nécessaire que nous nous prononcions sur l'amplitude exacte de ce renforcement. Quand l'anthropologue tente de cerner la moralité du *groupe* qu'elle étudie, elle cherche à identifier ce que spontanément les gens récompensent, ce qu'ils blâment, ce pour quoi ils se sentent coupables, et ainsi de suite. S'il n'y a pas uniformité de comportement sur un point donné, alors c'est que la société n'a pas de moralité sur ce point. La société canadienne, par exemple, est actuellement divisée sur la question de l'acceptabilité morale de l'avortement. Non seulement cette division est-elle profonde, mais elle oppose des parties à peu près égales en nombre. On ne peut pas dire pour le moment qu'il y a en cette matière une tendance morale dominante chez les Canadiens, alors qu'au Japon, par exemple, un accord s'est fait sur cette question. Néanmoins, il s'en trouvera certainement quelques-uns au Japon pour condamner l'avortement. Mais ce qui est important, c'est que même dans les cas où il n'y a pas unanimité complète, ceux qui estiment qu'un comportement est correct pensent aussi que *tout le monde* devrait l'approuver tandis que ceux qui estiment qu'il ne l'est pas pensent que *tout le monde* devrait le condamner. Chacun s'attend vraiment à ce que tous les autres se rallient à son point de vue. (Il n'est pas facile d'analyser ici «s'attendre à», mais cette question est importante et nous y reviendrons plus loin.)

[g] La différence capitale entre une moralité et un système légal est que la moralité est renforcée *informellement*. La moralité d'un groupe est cet ensemble de règles que le groupe entier renforce, par l'éducation, la critique, l'endoctrinement, etc. Chacun le fait plus ou moins spontanément (bien que, ce faisant, il témoigne dans une large mesure de l'influence des autres). Aucune instance ne constitue ici, et ne peut logiquement constituer, l'autorité en la matière. Bien entendu, certains

chercheront conseil chez un ensemble d'individus, les aînés, par exemple. Ce n'est pas que l'opinion des aînés rende littéralement un acte correct ou non : « *x* est mauvais » ne veut pas dire « *x* est condamné par le conseil de la tribu ». C'est plutôt qu'il peut être très risqué d'aller à l'encontre de l'opinion du conseil de la tribu sur une question donnée. Si par ailleurs il existe un système légal en bonne et due forme dans la société, alors la directive du corps législatif *est* la loi, du moins tant qu'il reste en fonction et tant qu'une autre instance spécifiquement désignée à cet effet, les tribunaux, n'est pas déclarée prévalante aux termes mêmes de la loi. Encore une fois, il n'est pas nécessaire de supposer qu'on a besoin ici d'une distinction bien tranchée ou bien précise. Les auteurs récents en philosophie du droit se sont donné bien du mal pour nier qu'il soit possible d'identifier précisément le système légal d'une société donnée indépendamment de sa moralité. Il n'est pas nécessaire de prendre parti avec eux sur cette question. Le point important, c'est que la moralité est renforcée au sens où un très grand nombre de personnes dans une société prennent l'initiative de la renforcer, et non au sens où une certaine instance spécialement désignée à cet effet impose certaines peines spécialement conçues à l'intention de ceux qui contreviennent à une règle donnée.

[h] Nous avons aussi parlé de la moralité comme étant *renforcée*, comme étant quelque chose à propos de quoi on adopte un comportement de renforcement. Un comportement de renforcement est une tentative pour induire le comportement même que recommande la règle que l'on renforce. Les méthodes de renforcement peuvent varier grandement, mais on remarque que le plus souvent elles consistent à employer le vocabulaire familier de la morale. Dans cette mesure, nous acceptons pour l'essentiel l'analyse « impérativiste » des concepts moraux tels que « mauvais » (*wrong*) et « devoir » (*ought*). Je me rallie à ses tenants pour dire que si A dit à B : « Tu dois faire *x* » ou « *x* est l'action correcte (*right*) à faire », B pensera avec raison que A incite B à faire *x*, qu'il lui dit de faire *x*. S'il s'avérait que A n'a pas voulu dire une telle chose, B estimerait qu'une explication s'impose. De plus, B ne sera pas surpris si A va au-delà de l'incitation purement verbale. B peut craindre, par exemple, que A ne fausse compagnie à B si ce dernier ne se conforme pas à sa directive. Ces méthodes, et d'autres encore, y compris la sanction immédiate, comptent parmi les méthodes que nous nous attendons à voir employées au nom de ce qu'on considère comme les règles de la moralité.

Il y a une importante distinction à faire entre le renforcement « par le bâton » et le renforcement « par la carotte », c'est-à-dire entre le renforcement négatif et le renforcement positif. La terminologie «du bâton» comprend par exemple les mots «mauvais», «injuste», «mal», «devoir». La terminologie «de la carotte» comprend par exemple des termes comme «admirable», «héroïque», «bon», «vertueux», «probe». Nous rossons les gens avec les premiers et nous les encourageons (ou les flattons) avec les derniers. De la même manière, nous pouvons les punir en recourant à des moyens qui vont bien au-delà des mots, tout comme nous pouvons les récompenser avec des cadeaux et des paiements.

[i] Finalement, j'ai dit que les directives morales *font autorité*. La question ici est que lorsqu'il y a un conflit entre une règle donnée et les inclinations des personnes dont le comportement fait habituellement problème, c'est la règle du groupe qui doit *l'emporter*. Nous pouvons formuler cela autrement : dire : «Mais ce n'est pas ça que je veux faire» ne constitue pas une excuse suffisante, encore moins une justification suffisante, pour un comportement qui va à l'encontre des exigences de la moralité. Il est bien entendu que les individus ne se conformeront pas toujours à la règle ; cependant ils doivent le faire, et l'idée qu'ils doivent se conformer, j'insiste sur ce point, fait partie intégrante de toute règle avancée en tant que règle morale. C'est cet aspect particulier de la question qui est à l'origine de plusieurs courants de réflexion philosophique sur la morale.

3.2.3. *Résumé sur la moralité de facto*

En bref : la «moralité», au sens où l'anthropologue l'entend, consiste en un ensemble de règles qui orientent chacun des membres d'un groupe : la moralité dit à chaque individu ce qu'il doit faire et elle lui dit d'adopter un comportement de renforcement en vue d'amener tout autre individu, quel qu'il soit, à faire l'acte exigé par la règle R, ou à pratiquer la vertu que cette règle tient pour admirable. Ces règles sont comprises comme faisant autorité sur toutes les inclinations contraires de ceux qui les adopteront.

3.3. Moralité : le «sens philosophique»

La moralité, au sens que j'ai appelé plus haut le sens anthropologique, correspond à ce que les philosophes appellent aussi la moralité *de facto*. En principe, c'est une question empirique que de savoir si une règle donnée R appartient ou non à l'ensemble M pour une société donnée. Mais les philosophes pensent depuis longtemps qu'il y a une distinction entre «fait» et «valeur», «être» et «devoir» en vertu de laquelle le fait qu'une certaine règle au sein d'une société donnée — la sienne, par exemple — soit largement respectée est seulement un «fait». Les faits, et par voie de conséquence, ce fait-là, ne pourraient pas d'eux-mêmes impliquer quoi que ce soit en particulier concernant ce que les individus doivent réellement faire (dans le cas présent, ce que R prescrit à chacun d'entre eux sous peine de renforcements divers de la part de n'importe quel autre membre de S). Ces philosophes — dont je suis, je l'avoue — vont identifier une autre notion de moralité qu'on pourrait appeler «moralité philosophique». L'idée ici est que pour n'importe quelle société S, il y a une M «vraie» : l'ensemble correct de règles pour la société S. Cet ensemble est tel que les membres de S, peu importe qu'ils le fassent effectivement ou non, *doivent* le renforcer. On pourra dire aussi que certains ensembles possibles de règles pour une société S, quelle qu'elle soit, sont *meilleurs* que d'autres, même si aucun de ces ensembles n'est le bon ensemble de règles. (Je ne veux pas écarter la possibilité que M soit la *même* pour toute société S. Si c'était le cas, il serait bien sûr encore vrai qu'il y a un ensemble correct de règles pour chaque société.)

3.3.1. *La justification de la moralité doit être non-morale*

J'ai dit que les membres de S doivent renforcer M. Il faut bien voir que ce «doivent» n'est pas spécifiquement moral. Ainsi qu'on l'a souvent fait remarquer, la question «pourquoi devrais-je être moral?», si elle était ainsi comprise, signifierait simplement : «Pourquoi devrais-je faire ce que je dois faire?» Le moins qu'on puisse dire, c'est que, ce faisant, on s'enfermerait dans un cercle bizarre. Mais à la question : «Quelle raison y a-t-il de contribuer au renforcement d'une certaine règle qui nous est proposée?» il peut certainement y avoir une réponse sensée, de même qu'à la question importante, mais distincte : «Et même si j'admets qu'il y a de bonnes raisons pour tout le monde, y compris moi, de contribuer au renforcement de la règle, pourquoi devrais-je faire ce qu'elle m'enjoint de faire?»

3.3.2. *Pourquoi la question peut-elle se poser?*

Les philosophes ont-ils raison de penser que la réflexion philosophique nous permet d'aller au-delà des règles actuelles de notre société et nous autorise à croire qu'il nous est possible de faire mieux? Et s'ils ont raison sur ce point, ont-ils encore raison de penser que l'ensemble possible des meilleures règles devrait avoir un quelconque poids moral dans S?

En premier lieu, accordons que si le renforcement est généralement efficace dans S — comme on doit s'y attendre dans le cas des sociétés durables — il ne viendra jamais à l'esprit de la plupart des membres de S, et peut-être même d'aucun d'entre eux, de se demander si oui ou non il doit faire x, lorsque x est une chose qu'une règle de la moralité de S prescrit ou proscrit. En effet, tous disent et ont toujours dit à A de faire x; A en est arrivé à se dire à *lui-même* de faire x et, aussi loin qu'il puisse se rappeler, il se l'est toujours dit. Pour la plupart des membres de S, la question s'arrête là.

Mais il n'y a pas grand-chose à conclure de cela. Car A peut être un philosophe qui a lu Hume, Kant ou Moore, ou ce peut être un membre aventureux de la tribu qui a des contacts avec les Z, de l'autre côté de la jungle; ou encore A peut être exceptionnellement original et s'être rendu compte qu'après tout il était bien possible de faire autre chose que x et qu'il pourrait bien y avoir de bonnes raisons plaidant en faveur de cette autre chose. Sur ce point, A pourrait tirer argument du fait même qu'il y ait renforcement de certaines règles, car le renforcement suggère en effet qu'il existe des intérêts opposés qu'il faut contenir par des règles. L'existence de tels intérêts est virtuellement présupposée par l'institution de la moralité : si une société était tout à fait «désaliénée», si ses membres étaient tout naturellement en harmonie complète sans qu'il soit jamais besoin de corrections, d'admonestations, de cassations et autres réprimandes, cette société n'aurait pas besoin de moralité et elle n'en aurait aucune. Mais toute personne dont le comportement a pu exiger un tel renforcement moral est en position de se demander si en effet elle doit faire ce que la moralité de sa société est censée exiger. Et du moment que la question est posée, il y a quelque chose de tout particulièrement futile à essayer de démontrer qu'elle «ne peut pas» l'être. Il s'agit d'une question pratique et une fois qu'elle a été soulevée, il est nécessaire d'y répondre. Affirmer qu'il n'y a pas de réponse possible semblerait relever de la mystification. à moins qu'il ne s'agisse, comme nous le verrons bientôt, d'une certaine façon de vouloir répondre à la question.

En bref, la question des fondements de la moralité apparaît quand un individu se demande pourquoi il devrait faire ce que les mœurs lui prescrivent. La question pourrait aussi apparaître logiquement, si ce n'est dans les faits, en présence d'une situation hobbésienne d'«état de nature». Dans ce cas, les questions pratiques seraient : «Les choses n'iraient-elles pas beaucoup mieux s'il y avait quelques règles dans les parages? Et si oui, quelles règles au juste devrions-nous avoir? Et comment nous y prendrons-nous pour les instituer?»

3.3.3. *Les fondements sont un besoin pratique*

Quand je dis de certaines questions qu'elles sont des questions «pratiques», je veux tout simplement dire qu'elles exigent des réponses pratiques, c'est-à-dire des réponses qui nous aiguillent vers telle ligne de conduite plutôt que vers telle autre. Bien entendu, un individu ne peut d'habitude pas faire grand-chose pour que des règles pratiques soient adoptées à l'échelle de la société. Mais il n'y a jamais que des individus, et si quelque chose se fait, ce sont eux qui le feront. Bien sûr, ce qui se «fait» pourra consister à se conformer, et je pense que c'est habituellement ce qui arrive, aux règles qui ont déjà cours s'il y en a et, sinon, visera à faire le mieux possible, si peu cela soit-il, dans une situation à la Hobbes. Ce peu pourrait supposer qu'on exerce une certaine influence sur ses semblables.

Nous pourrions dire que la morale est, du point de vue de n'importe quel individu, une branche de l'éthique environnementale : chacun de nous vit dans un environnement humain, mais les éléments de cet environnement, contrairement à ceux de l'environnement naturel, peuvent réagir en fonction de croyances et d'intérêts qui sont eux-mêmes susceptibles d'être influencés. Par conséquent, émettre des suggestions, des idées, formuler des demandes et faire des exhortations de même qu'exprimer des émotions et des attitudes peut s'avérer utile dans ce contexte, alors que ce ne l'est pas vis-à-vis des êtres inanimés (et de la très grande majorité des êtres animés) présents dans la nature.

Ce qui rend le besoin de fondements adéquats si pressant, c'est que la moralité, comme nous l'avons dit plus haut, est une institution *informelle*. Chacun s'engage dans un comportement moral en tant qu'agent agissant volontairement : chacun de nous est laissé à lui-même. Personne n'a le devoir d'administrer, au nom de ce qui s'offre à nous comme les règles de la moralité, louanges et blâmes, châtiments et récompenses. Ainsi des individus peuvent en arriver à sentir le besoin de justifier les règles; ils peuvent en arriver à penser que, faute de bonnes raisons de s'y conformer, il ne sert peut-être à rien de continuer à les appliquer ou à y obéir spontanément comme ils l'avaient fait jusqu'ici. Si cela se produit, alors la force de la moralité diminue d'autant dans l'environnement social. On ne peut plus s'attendre alors à ce que l'individu réfléchi et récalcitrant s'y conforme; pire encore, on peut s'attendre à ce qu'il cherche activement à saboter tout effort de la part d'autrui pour renforcer et faire reconnaître les règles morales. Et plus l'individu récalcitrant est réfléchi, rationnel, plus la situation devient inquiétante. Car de telles personnes, qui sont souvent articulées et persuasives, peuvent effectuer un travail de sape efficace. La seule manière de traiter avec eux, c'est de leur offrir un bon argument ou bien la ciguë, cette dernière solution n'étant pas sans inconvénients, comme le montre trop bien le cas de Socrate.

En bref, la justification serait toujours une justification pour telle ou telle personne. Existe-t-il un sens dans lequel nous pourrions dire que la moralité peut être justifiée simpliciter, un sens «absolu» distinct du sens où la justification est relative à un individu? Je soutiendrai qu'il en existe un : la moralité est justifiée en ce sens quand elle est justifiée eu égard à chacun des individus qu'elle concerne. Mais, ainsi que nous le verrons, croire qu'il y a là deux sortes de justifications distinctes est l'effet d'une illusion. La procédure de justification est telle que si nous pouvons pleinement justifier une règle morale pour un individu quelconque, nous le pouvons aussi pour toute autre personne.

3.3.4. *Les fondements manqués : l'intuitionnisme et le relativisme*

Certains philosophes — trop, je pense —, ont estimé que les «fondements» de la moralité consistent en un ensemble d'axiomes moraux : répondre à une question morale, c'est repérer l'axiome pertinent et faire la déduction appropriée. Ces philosophes devraient nous dire ce qu'il convient de faire dans les cas — qui se présentent, semble-t-il, de temps à autre — où des intuitions entrent en conflit. Que se passe-t-il si votre axiome requiert que A fasse x dans le contexte C alors que le mien requiert que A s'abstienne de faire x dans C?

On pourra répondre que vos axiomes ne s'appliquent qu'à vous et les miens qu'à moi : la moralité est individuelle; et par conséquent vos axiomes ne s'appliquent à A que si vous êtes A tandis que les miens ne s'appliquent à A que si je suis A. Ainsi, aucun conflit ne peut survenir.

Il y a un problème manifeste à donner une telle réponse lorsqu'on veut parler de ce que *tout le monde* devrait faire. Mais qu'est-ce, au fait, que «donner une telle réponse»? Est-ce soutenir (1) que la règle *sociale* dit que chaque personne peut agir ainsi que sa conscience (l'ensemble de ses axiomes moraux) le requiert? Mais ce pourrait bien être impossible : le fait que A fasse x peut rendre impossible pour B de faire y dans le cas où l'axiome de A exige qu'il fasse x et l'axiome de B exige qu'il fasse y. Ou peut-être (2) veut-on dire qu'*il n'y a pas* de règle sociale? Mais on peut difficilement tenir cela pour acquis. Il pourrait fort bien y en avoir une. En fait, dans le cas hypothétique qui nous occupe, il y en a certainement une, et la question est de savoir s'il faut s'y soumettre. Ou peut-être veut-on dire (3) qu'il ne devrait pas y avoir une telle règle sociale? Mais pourquoi pas? Peut-être y a-t-il une bonne raison pour qu'il y en ait une. De toute façon, ce sont là des questions dont le théoricien ne peut pas faire l'économie. Et si sa théorie est une forme d'intuitionnisme selon laquelle il est supposément impossible de se poser de telles questions, alors sa thèse est tout simplement erronée, puisqu'il est manifestement possible de se les poser et que dans bien des cas on aura de très bonnes raisons de le faire. Bien entendu, dans *certains* cas on peut ne pas en avoir : les « facultés » d'intuition respectives de A et B peuvent arriver à des résultats tout à fait compatibles quoique différents. Mais même alors, la question se pose de savoir quoi faire de ceux qui tiennent à renforcer des comportements qu'on ne voudrait voir prescrire par aucune règle. Qu'en est-il d'eux?

Je conclus que la réponse de l'intuitionniste est ou bien une pseudo-réponse, ou bien une réponse impliquant, au chapitre de la moralité philosophique au sens où nous l'avons définie plus haut, qu'*il n'y a pas* d'axiomes variables et qu'en fait nous avons tous ultimement les mêmes axiomes. Et si les intuitions continuent de diverger même après tant de discussions, comment sommes-nous censés comprendre l'affirmation selon laquelle les intuitions ne divergent pas en fait? De toute façon, ceux qui affirment cela ont tendance à ajouter, non sans une certaine nostalgie : « Si seulement nous savions quelles elles sont... » Mais ceci, évidemment, nous laisse avec la question de savoir que faire entre-temps. Nous avions, on s'en souviendra, une question d'ordre pratique. On pourrait y répondre en adoptant une stratégie du genre : « être d'accord pour ne pas être d'accord ». La stratégie est intéressante et souvent utile, mais elle possède une caractéristique qu'il ne faudrait pas dissimuler sous le tapis. Cette caractéristique consiste à donner éventuellement raison à l'une des parties prenantes dans une dispute. Prenons par exemple le problème de l'avortement. Disons-nous : « Jusqu'au moment où nous nous serons entendus sur la question laissons les personnes qui veulent des avortements en obtenir et n'en imposons pas à celles qui n'en veulent pas »? Mais c'est exactement la position que les « libéraux » défendent en la matière.

Il n'échappera pas au lecteur, j'ose l'espérer, que le même ensemble de considérations vaut pour le « relativisme éthique ». Le relativiste peut nous dire que notre A hypothétique, membre inhabituellement philosophe de S, doit faire ce que les règles actuelles de la société où il vit lui demandent de faire. Mais pourquoi doit-il le faire? En répondant, comme le relativiste, que ce sont tout simplement là les règles de la société de A, nous ne répondons pas à cette question, mais à cette autre, fort différente : pourquoi la plupart des gens dans cette société feraient-ils x sans se poser de questions ou écarteraient-ils rapidement les questions si elles venaient à se poser?

Ou peut-être l'idée est-elle que la société détermine en fait non seulement ses règles morales mais aussi ce qui «compte comme une raison» dans cette société, de sorte que A ne pourrait pas, bien sûr, avoir de raisons d'agir meilleures que celles qui l'amènent déjà à se conformer aux règles ayant cours. Mais cela aussi sent la mystification. Notre A hypothétique risque de faire la nique, ou peut-être dira-t-il : «S'il n'y a pas de meilleures raisons que celle-là, qui n'en est pas une du tout, alors de toute évidence c'est qu'il n'y en a aucune. De sorte que je ferai bien ce qui me plaît!» En bref, le relativiste, comme l'intuitionniste, *ne propose tout simplement pas* de fondements pour la moralité.

Il faudrait peut-être ajouter ici que toute réponse à notre question qui serait simplement donnée dans les termes d'une quelconque morale philosophique (appelons-la MP) ne ferait pas davantage l'affaire. Prenons l'exemple de l'utilitarisme. Alors que l'on s'y réfère souvent comme à une conception des «fondements» de la moralité, l'utilitarisme ne peut prétendre à ce titre qu'au sens où il propose une version particulière, encore que très générale et abstraite, de ce qu'est le *contenu* de la moralité. Mais nous retrouvons ici le même problème que rencontrent l'intuitionnisme ou le relativisme : on ne répond pas à la question : «Mais pourquoi devrais-je adopter ce candidat particulier au statut de M?» si pour toute «réponse» on réitère simplement le code moral dont les fondements sont précisément remis en question. (Il n'est pas étonnant que Sidgwick, l'esprit le plus clair parmi les utilitaristes classiques, ait été en fait un intuitionniste.)

Il est vrai que certaines morales philosophiques sont plus intéressantes que d'autres, assez en tout cas pour qu'on veuille explorer à fond leurs incidences au niveau de diverses questions morales ou encore leur aptitude à rendre compte de certains ensembles de règles ou de principes moraux qui semblent intuitivement plausibles ou qui sont largement acceptés dans notre société. L'utilitarisme, je pense, est de ce nombre. Mais on ne peut guère qu'aligner cette conception philosophique sur un ensemble de règles possibles ou actuelles. Cela ne nous dira jamais si nous devons accepter cette conception philosophique ou cet ensemble dans sa totalité.

3.3.5. *Recours à la « nature humaine »*

On suppose généralement qu'on ne peut donner de fondements à la moralité qu'en produisant une théorie de la nature humaine (TNH). Cela soulève la question de savoir quelle relation il y a entre la TNH en question et la moralité dont on cherche les fondements. Parfois il semble que la réponse soit tout bonnement considérée comme évidente. Mais elle ne devrait certainement pas l'être. Bien sûr, il paraît manifeste que pour qu'il y ait une moralité dans S, il faut bien que quelque chose au sujet de la « nature » de S et/ou des membres de S soit vrai. Ce qui l'est moins, cependant, c'est en quoi consiste au juste la relation entre la TNH et la moralité actuelle ou proposée. Peut-être, par exemple, a-t-on en tête quelque chose comme : les gens dans S appartiennent à cette sorte de personnes qui demanderaient ou interdiraient le genre de choses que demande ou interdit leur moralité commune. Mais cela ne nous paraît pas d'un grand secours. Si tant est que cette affirmation puisse nous aider, cela sera grâce à une explication de l'emploi du conditionnel : veut-on dire qu'il y a chez les gens de S des propriétés *autres* que celle d'avoir l'ensemble particulier de propensions comportementales en quoi consiste leur adhésion à M, propriétés qui seraient telles qu'elles nous diraient pourquoi ils ont de telles propensions? Fort bien. Mais alors nous voudrions savoir si ces propriétés nous disent aussi pourquoi les gens *devraient* avoir ces propensions. Et ceci est particulièrement important si, comme dans le cas que nous examinons, l'individu doit choisir de poser ou non les actes en question (c'est-à-dire ceux qui exemplifient les propensions que nous avons évoquées). Et comment ces propriétés sont-elles censées faire cela?

Cette question ne doit pas être prise pour une question rhétorique. Elle appelle plutôt à fournir des détails. Tâchons de voir en quoi ces détails sont requis et de quel type ils doivent être. Supposons qu'un certain individu a soulevé la question de savoir *pourquoi* il devrait faire ce qu'une règle particulière, actuelle ou proposée, lui demande (ou lui demanderait) de faire. Et nous envisageons de lui répondre en lui montrant qu'il est de ces personnes qui feraient la chose qui lui est demandée. Comment une TNH peut-elle contribuer à montrer cela d'une manière à la fois plausible et pertinente?

Dans ses grandes lignes, la réponse à cette question est, je pense, tout à fait claire. Une TNH nous dira que les gens ont certains intérêts, buts, aptitudes et capacités. Parmi ces aptitudes et capacités devront figurer celles de faire des choix et d'orienter son activité à la lumière de renseignements de diverses sortes : sans cela, il ne peut même pas être question de moralité. Les intérêts et les buts fournissent les réponses aux questions pratiques que se pose l'individu. Parvenu à ce point, cependant, il faut faire une distinction. Une TNH peut ou bien (1) spécifier de manière tout à fait générale et fort abstraite ce que c'est pour un individu qu'avoir une raison de faire quelque chose, ou bien (2) dire quels sont les buts et les intérêts *particuliers* qui guident fondamentalement n'importe quel individu.

Dans le deuxième cas, nous avons un problème. Supposez que notre TNH dise que l'individu A est intéressé au but B. Mais lorsque nous nous tournons vers A, nous découvrons qu'il affiche une totale indifférence pour B. Que se passe-t-il maintenant? Certains théoriciens diront que quoi qu'il en soit, B *doit* guider A. Mais cela soulèvera à coup sûr une question de la part de A : « Pourquoi ce but devrait-il me guider? » S'il ne s'agit ni d'un but que A reconnaît avoir, ni d'un des buts qui semblent attirer A quand on le lui propose et qu'on lui demande d'y réfléchir, alors l'affirmation que B doit néanmoins guider A semble frauduleuse. à moins qu'on puisse montrer qu'un autre but, B_1, est tel que A doive adopter B pour pour parvenir à B_1; mais dans ce cas, il faudrait encore régler la question de savoir si B^1 est un but par lequel A *est de fait attiré*. Si tel n'est pas le cas, les mêmes remarques valent.

Il y a aussi le projet qui consiste à trouver une théorie abstraite qui nous dise non pas quels sont les valeurs et les buts particuliers que chaque individu *doit* avoir, mais comment les buts et les valeurs d'un individu, quels qu'ils soient, guident le comportement de cet individu s'il est rationnel. Une telle théorie, autrement dit, tient pour acquis qu'un individu est guidé par ses buts individuels *quels qu'ils soient*. Nous sommes ici en présence d'une théorie de la rationalité : une « théorie maximisante de la rationalité », en fait. En soi, une telle théorie ne nous apprend rien de ce qu'un individu particulier fera effectivement dans une situation particulière. Mais ce qu'elle nous dit, semble-t-il, c'est qu'en l'absence d'une base empirique, nous ne pouvons pas inférer que l'individu C a un but donné du simple fait que l'individu A a ce but. Et si, en présence de faits empiriques, il s'avère que C n'a pas ce but, alors la théorie prédit que nous ne pouvons pas raisonnablement nous attendre à ce qu'il y réagisse favorablement quand on lui propose de l'adopter. D'une manière générale, les gens peuvent avoir des valeurs différentes. Ce n'est pas toujours le cas, bien entendu, et peut-être peut-on identifier une constante tout à fait fondamentale et très abstraite capable de caractériser adéquatement et de manière significative les fins ultimes de chacun. Ce pourrait être le « bonheur » ou l'« utilité ». L'histoire de ces deux termes, à mon avis, montre assez clairement pourquoi nous ne pouvons pas encore nous targuer d'avoir identifié une telle constante.

4. LES FONDEMENTS DE LA MORALITE

Eh bien tant pis, pourra-t-on dire, car il semble que nous ne soyons parvenus à rien. Bien au contraire : tout va pour le mieux! Car ce que nous savons maintenant, c'est que pour un individu qui en est arrivé à se demander s'il devait poser une action donnée même si celle-ci est en fait interdite par les règles de la société dont il fait partie, la seule réponse qui en soit véritablement une pour lui est la démonstration que le fait d'accomplir (ou de ne pas accomplir) cette action sert ses fins actuelles et bien considérées. Ce sont ces fins que sa raison consulte en lui disant ce qu'il doit faire ou éviter, et il n'est pas autrement lié à M. En tant que telle, M peut lui dire ce qu'on attend de lui. Elle peut lui dire aussi pourquoi il doit le faire. Mais M peut aussi ne pas le lui dire; supposons que ce soit le cas : M ne réussit pas à fournir à A de bonnes raisons de faire x. L'idée de faire x ne s'impose tout simplement pas à A à la lumière de ses fins telles qu'il les conçoit habituellement et après réflexion. Que se passera-t-il? Manifestement, nous devons faire face à la question de savoir s'il est rationnel de se conformer à M.

4.1. Le «contrat social»

C'est ici que nous devons tenir compte de l'interaction sociale. Supposons que parmi les fins de A certaines soient telles que les actions qu'elles requièrent rendent impossibles les actions requises pour que d'autres personnes atteignent leurs propres fins. Si A tente ou se propose d'agir néanmoins selon ses fins, cela posera des problèmes pour ces autres personnes. Qu'arrivera-t-il? Une règle sociale pourra être requise — «requise», faut-il noter, dans la perspective des valeurs antérieures de A. Mais quelle règle sociale? Manifestement, ce doit être, du point de vue de A, une règle telle que son renforcement général par la société procure à A la plus grande quantité de ce qu'il tient pour estimable. Mais la plus grande quantité en comparaison de quoi? C'est ici que nous pouvons constater la puissance d'une analyse de la moralité en termes de rationalité. Parmi les règles qui auraient le résultat souhaité par A, plusieurs seront aussi irréalisables : irréalisables parce les autres n'auront aucune raison de les adopter. Or, en vertu de l'hypothèse que nous examinons, l'adoption de ces règles est *volontaire* : nous nous demandons quelles sont les règles qu'il est *rationnel* d'adopter, par opposition aux règles que nous avons actuellement. Puisque leur adoption est volontaire, ces règles ne *seront* adoptées que par ceux qui ont des raisons de le faire, et les seules choses qui leur fournissent de telles raisons sont leurs propres valeurs (fins).

Mais cela pourrait bien ne pas arrêter notre individu hypothétique. Il se peut que A passe outre cavalièrement et néglige le fait que les autres ont des raisons de l'empêcher de faire ce qu'il veut. Mais il n'est pas sûr qu'il soit rationnel pour A d'agir ainsi : il pourrait y avoir une meilleure solution. Car le genre de société que A aura sur les bras, si lui et d'autres encore persistent à adopter cette attitude, peut manifestement être pire pour A qu'une société où on aurait plutôt adopté des règles que les autres ont aussi des raisons d'accepter.

On pourrait vouloir conclure ici que nous devrions avoir pour seule règle : «Faites ce que vos valeurs vous recommandent de faire!» Mais une autre conclusion s'impose immédiatement : cette règle-là, pour des raisons essentielles, n'est pas plausible en tant que règle morale. Après tout, ce qui fait qu'une règle est *morale*, c'est qu'elle est renforcée par tous pour la gouverne de tous; et ou bien celle-ci est vaine, puisque de toute façon chacun est guidé par ses propres valeurs ou fins (quoi d'autre?), ou bien elle nous demande d'aller à l'encontre de la rationalité en renforçant des comportements que nous n'aimons pas. Cette règle a pour analogue l'égoïsme éthique, qu'aucun égoïste sensé ne voudrait voir renforcé en tant que guide général de comportement.

Parmi les autres positions qui, à ce niveau abstrait, seraient manifestement inadéquates, il y a aussi celles que nous avons déjà rejetées : le relativisme, l'intuitionnisme dans n'importe quelle de ses versions claires (nul besoin de rejeter les autres parce qu'elles ne proposent rien) et l'utilitarisme. On peut écarter aussi les diverses versions d'une éthique du «commandement divin», car toutes deviennent inutiles dès que nous avons affaire à des personnes qui n'acceptent pas la théologie sur laquelle elles reposent; il en va de même pour les théories de la «réalisation de soi», quand il n'est pas possible de reconnaître dans son propre soi celui qu'elles nous invitent à réaliser, et ainsi de suite. Si nous cherchons un fondement rationnel à la moralité, il faut, je pense, qu'il soit tel que je l'envisage ici.

4.2. Individu et société

«L'individu», c'est n'importe qui. Ce qui reste, pour jouer le rôle de la société, c'est tous les autres. Rien de plus! Toute autre figure qu'on pourra évoquer — la «Société» au sens collectif du terme, par exemple, ou l'Esprit du passé des sociétés ou quoi que ce soit —, ne seront jamais que des métaphores. On retrouvera chez diverses personnes l'empreinte de modes d'éducation divers, les marques d'une longue immersion dans une culture particulière, et ainsi de suite, de sorte que, bien entendu, la nature des ententes entre tous et chacun reflétera ces antécédents. Très certainement, l'ensemble de valeurs que tout individu fait intervenir lorsqu'il réagit rationnellement aux contraintes morales sera lui-même en grande partie un produit social. Bien évidemment, tout cela modifie radicalement le contenu des situations; mais cela n'en modifie pas la structure.

Deux sortes de données sont requises lorsqu'on veut amorcer une description détaillée de la moralité (ou des moralités, car une conjecture plausible concernant la manière dont il est raisonnable d'entrer en relation avec ses semblables dans diverses circonstances doit sûrement prévoir certaines variations d'une société à l'autre, au moins dans le détail) : (1) des données sur les fins des individus et sur leurs *besoins*, c'est-à-dire sur les conditions objectives de leur bien-être telles que définies à partir d'une conception admise de ce qu'est le bien-être (ces données devront rendre compte du fait que les besoins tout autant que les fins peuvent varier d'une personne à l'autre, mais qu'ils peuvent aussi être similaires et qu'ils sont susceptibles de subir l'influence des circonstances sociales); (2) des données sur la manière dont les valeurs identifiées à l'étape (1) peuvent être généralement optimisées. Cela nous révélera quelles sont les règles morales qu'il convient d'adopter (on pourra en tout cas produire une liste restreinte de propositions plausibles à cet égard) et du même coup les raisons pour lesquelles nous devrions les accepter.

En un sens, nous ne savons pas grand-chose de (1). Cela ne veut pas dire, et il est essentiel de le voir, que nous n'avons aucune assise pour quelque sorte de moralité que ce soit. Cela signifie plutôt qu'il nous faut avoir certaines règles de base qui soient praticables *quand ce que nous ignorons figure comme une variable*. C'est pour cela en particulier qu'on retrouve, de manière générale, une préférence marquée pour la liberté; telle est la règle de Hobbes, selon laquelle nous devrions «nous satisfaire d'autant de liberté que nous voulons bien en accorder aux autres hommes». J'estime que cela équivaut à une grande liberté quand les gens diffèrent beaucoup : car il y a alors davantage de gens qui ont des raisons de refuser d'accepter et de renforcer les règles qui présupposent justement que là où elles sont censées s'appliquer les gens ne sont *pas* à ce point différents.

A l'intérieur des secteurs où les gens diffèrent de fait, il y a de la «moralité» dans d'autres sens du terme : dans le sens général, par exemple, de «règles pour la conduite de la vie», ou dans celui d'«opinions sur les fins suprêmes de l'existence humaine». Les remarques que j'ai faites ne valent évidemment pas pour de telles questions. Tout ce qu'elles disent à cet égard, c'est qu'une opinion touchant n'importe laquelle de ces questions peut avoir ou ne pas avoir d'impact sur le contenu de la moralité telle que nous l'avons entendue ici. Mais il me semble que cela soit déjà un résultat important en soi. La moralité est un cadre qui rend chacun de nous capable de réaliser ses divers idéaux de vie d'une manière relativement harmonieuse. On ne peut raisonnablement en demander davantage.

5. CONCLUSION : L'INEVITABILITE DU CONTRACTUALISME

Nous en sommes arrivés à mettre de l'avant un point de vue «contractualiste» en éthique. Mais j'espère qu'on verra aussi au terme de cette discussion qu'étant donné la conception la plus raisonnable de ce que sont les «fondements» de l'éthique, aucun autre point de vue n'est acceptable. Si nous nous rallions à l'idée qu'une conception des fondements de l'éthique a des conséquences pratiques — c'est-à-dire qu'elle a une influence sur le comportement des personnes raisonnables qui considèrent la question — alors nous admettons également que le point de départ de ces considérations a aussi une force pratique. Il ne fait pas de doute que la force pratique tient souvent à la constatation que tous les autres autour de vous vont vous «avoir» si vous ne vous conformez pas rigoureusement. Mais il ne s'agit pas là d'une règle sociale approuvée par la raison; ce n'est pas ainsi qu'on obtient une règle de conduite pleinement rationnelle pour la société. Il semble qu'une telle règle doive recevoir l'assentiment *raisonnable* de *tous*. Et cet assentiment, semble-t-il, ne peut advenir que si la règle ayant été volontairement acceptée par tous garantit la répartition optimale des résultats (*outcomes*) pour chacun des individus concernés. Ceci est la position du contractualisme sur la nature des règles sociales justifiées. Il est difficile de voir comment on pourrait adopter d'autres justifications étant donné la rationalité telle que nous l'avons décrite, d'une part, et la diversité des humains, d'autre part.

Mais la possibilité demeure, bien entendu, qu'aucune règle morale ne puisse être justifiée rationnellement. Peut-être, et c'est ce que je pense, peut-on seulement tendre vers une telle justification; mais peut-être aussi le projet est-il sans espoir. Et pourtant les règles qui proscrivent le meurtre, la tricherie, le mensonge, etc., peuvent difficilement être futiles. Le scepticisme en cette matière, si on le considère sous l'angle pratique, paraît stupide, plutôt que philosophiquement profond et troublant. Mais c'est le point de vue pratique qui est *pertinent* pour ces questions. Voilà pourquoi l'optimisme est permis en ce qui concerne la justification de la moralité.

Cet article a d'abord été présenté dans le cadre du congrès de l'Association canadienne de philosophie à Winnipeg, au Manitoba, en juin 1986. J'ai profité des discussions que j'ai eues avec plusieurs auditoires, entre autres au Buffalo State College, le 7 avril 1987, et à l'Université du Québec à Montréal, le 10 avril 1987. J'adresse mes remerciements aux nombreuses personnes qui ont assisté à ces exposés. Je veux en outre exprimer ma reconnaissance à Lansing Pollock du Buffalo State College pour ses critiques incisives. Les opinions émises dans cet article sont reliées à celles de plusieurs de mes prédécesseurs, parmi lesquels je veux distinguer Bernard Gert (1966), Richard Brandt (1977) et tout particulièrement David Gauthier, dont les travaux ont été portés à l'attention du public avec la parution de *Morals by Agreement* (1986). J'ai aussi mis à profit, du moins je l'espère, quelques-unes des clarifications dues aux émotivistes et même aux intuitionnistes qui ont écrit plus tôt au cours du siècle. Je n'ai pas cru nécessaire de citer des passages particuliers de leurs œuvres dans le cadre de cet article.

* A défaut de termes français qui rendraient parfaitement compte des expressions «*reinforcement*» et «*reinforced*», nous avons pris le parti de les traduire par «renforcement» et «renforcé» même si leur acception en français ne recouvre pas exactement celle qu'entend donner l'auteur aux termes originaux. (NdT)

A la recherche d'une perspective émancipatrice : l'équilibre réfléchi large et le cercle herméneutique

Kai NIELSEN

I

Où commencer une réflexion sur l'éthique et, d'une manière plus générale, sur le genre de personnes que nous aimerions être et le genre de société et d'ordre mondial que nous voudrions créer ou voir créer? Si nous considérons ce qui a été dit et redit sur ces grands thèmes par des gens aussi sages que savants, il y a de quoi être pris d'une sorte de vertige. Nous avons des variétés d'utilitarisme, des variétés de contractualisme, des théories fondées sur le devoir, des théories fondées sur les droits, des théories perfectionnistes (certaines reprenant Aristote), des variétés de relativisme ou de conventionnalisme, des théories projectives de l'erreur, des formes nouvelles de subjectivisme et des formes nouvelles de non-cognitivisme. Ce sont toutes des théories qui en soi diffèrent à plusieurs égards et sur des plans divers et toutes ont trouvé à s'articuler à l'intérieur de la tradition analytique anglo-américaine dominante[1]. Quand nous quittons ce climat pour aller vers des traditions qui tendent à considérer l'éthique sous un angle plus large, et non plus comme l'objet distinctif d'une branche particulière de la philosophie, le tableau devient plus bigarré encore. L'éthique communicationnelle de Jürgen Habermas, laquelle est intégralement liée à sa théorie critique systématique de la société, est une chose. L'éthique de Michel Foucault, sur les « pratiques du soi », laquelle tourne résolument le dos au projet de construire les fondements systématiques de la morale, en est une autre. Une autre chose encore, et bien différente, est le traitement herméneutique que fait Hans Georg Gadamer de telles questions. Il y a aussi, pour évoquer des manières de faire encore plus radicalement différentes, l'approche pragmatique de John Dewey, celle de Wittgenstein, l'approche néo-pragmatique à forte tendance contextualiste de Rorty, et encore l'approche néo-wittgensteinienne, au service d'une forme conservatrice de libéralisme.

Il n'est pas rare que les différences, qui touchent ici à la fois au contenu et aux méthodes, soient très profondes. Ce n'est pas, comme le disent Richard Brandt, Robert Nozick, David Gauthier et John Harsanyi, que tous ces théoriciens s'entendent plus ou moins sur les enjeux et donnent des réponses différentes à des questions qui sont en gros les mêmes. Bien au contraire, les différences sont parfois si profondes qu'il n'est plus du tout sûr qu'il y ait ici un sujet commun. Les conceptions diffèrent à ce point qu'il pourrait bien être inutile de tenter de les comparer entre elles et, à plus forte raison, de les rattacher à quoi que ce soit qui ressemble à un projet unifié. Qu'y a-t-il de commun entre R. M. Hare, Hans Georg Gadamer, John Dewey et Michel Foucault qui permette de telles comparaisons, de tels rapprochements ? Ne sommes-nous pas seulement en face d'une tour de Babel ?

Non sans quelque appréhension et une certaine ambivalence, je veux suggérer que tel n'est peut-être pas le cas. Je pense qu'en examinant soigneusement les implications de ce que j'appellerai (en me ralliant à Norman Daniels) un appel aux jugements bien pesés dans un équilibre réfléchi large, nous pouvons arriver à voir comment des tendances très diverses dans la manière de penser l'éthique peuvent être réunies pour former un tout unifié. La notion d'équilibre réfléchi large est centrale chez John Rawls et plusieurs, dont moi-même, l'ont adoptée, adaptée, modifiée et aussi promue en tant que méthodologie sous-jacente à l'élaboration de la moralité ou de l'éthique[2]. En combinant la méthode de l'équilibre réfléchi large (ERL) à une théorie critique substantielle de la société, élaborée dans une visée émancipatrice, nous pourrions être en mesure d'articuler et de faire valoir, à l'encontre de ce qui est aujourd'hui désordre et illégitimité, une conception légitime d'un ordre normativement acceptable. Une telle conception, ferai-je valoir, mettrait à profit, en une synthèse fructueuse, des idées (valables par elles-mêmes) de Rawls, Williams, Foucault, Gadamer et Habermas. Elle rendrait compte d'une façon unifiée du lieu de la morale et elle intégrerait en même temps, dans un ensemble cohérent, les critères normatifs auxquels nous pourrions faire appel aussi bien lorqu'il s'agit d'évaluer et de critiquer la société que lorsque nous cherchons à donner à nos vies un sens qui, étant données les conditions d'existence actuelles, semble souvent leur faire défaut.

Mais cela, s'il y a quelque chance d'y parvenir, ne doit pas constituer un salmigondis d'éléments divers et incommensurables. Les éléments que je cherche à réunir sont en effet divers et leurs auteurs les mettent de l'avant pour des fins diverses, souvent dans des cadres très différents. Malgré cela, on pourra constater qu'une fois rassemblés et unifiés au moyen de l'ERL, tel que je l'utiliserai ici, ces éléments s'ajustent les uns aux autres pour former un tout cohérent.

II

Mais avant d'en arriver là, il nous faut d'abord voir en quoi consiste l'ERL et comment il s'accorde avec une théorie critique de la société. En réagissant moralement et en raisonnant moralement, nous prenons inévitablement pour point de départ la tradition et un certain consensus. En ce sens fondamental, nous partons toujours, cela est immanquable, de la moralité en tant que *Sittlichkeit*; et aussi loin que nous puissions nous engager dans une voie réformiste ou révolutionnaire, voire iconoclaste, nous retournons toujours à cette *Sittlichkeit*. C'est-à-dire que nous retournons à un groupe d'institutions et de normes institutionnalisées, sanctionnées par la coutume, et à travers lesquelles les membres d'un ordre social actuel satisfont les exigences sociales du tout social auquel ils appartiennent. Que ceci ne soit pas entendu comme une défense implicite du conservatisme, car l'agent moral réfléchi qui part d'une *Sittlichkeit* distinctive peut rejeter, et rejettera de fait, certains éléments, voire des blocs entiers de ces normes institutionnelles, ou il remodèlera certaines de ces normes qui lui sont culturellement données, ou encore, peut-être, en forgera-t-il de nouvelles. Mais ce qu'il ne saurait faire, c'est rejeter de manière cohérente l'ensemble entier des normes institutionnelles qui prévalent dans le monde-vécu [3] [*life-world*] où il est parvenu à la conscience, ou encore s'en abstraire pour repartir à zéro. Nous ne pouvons pas éviter de partir des normes qui sont, culturellement parlant, profondément enracinées et qui sont indissociables de notre réseau d'institutions.

A l'intérieur de la *Sittlichkeit* issue de notre propre culture, les normes que nous abandonnerons le moins volontiers, celles qui, sur le plan humain, forment pour nous une base inébranlable, sont les normes que John Rawls estime être nos jugements bien pesés les plus fermes (*convictions*). Ce sont ces normes qui, à son avis, occupent une place stratégique, encore que non fondationnelle, dans nos raisonnements moraux et dans nos conceptions de ce qu'est la justification de nos croyances morales[4]. Ici, en dépit des différences énormes qui les séparent par ailleurs, Rawls et un herméneute tel que Gadamer ont un point de départ commun.

Nous commencerons avec nos jugements bien considérés les plus fermes puis, nous inspirant d'une technique de Rawls, nous ferons appel à un modèle cohérentiste de la justification et de la rationalisation pour tenter de faire entrer les jugements bien pesés dans un équilibre réfléchi large. Cela suppose donc que, lorsque nous raisonnons à partir de notre *Sittlichkeit*, nous ayons déjà fait un tri parmi les normes culturellement reçues. Rawls, comme Habermas, et conformément à la tradition des Lumières, ne s'en tient pas seulement à ce que R. M. Hare appelle l'« opinion reçue »[5].

Voyons un peu plus précisément ce qu'est l'équilibre réfléchi large en le distinguant, dans un premier temps, de l'équilibre réfléchi étroit ou partiel, méthode qu'utilisent les intuitionnistes contemporains. Cette dernière, qui ne constitue pas une méthode adéquate, consiste à agencer nos convictions bien pesées particulières (jugements) avec un principe ou un ensemble de principes moraux. Ce ou ces principes peuvent être eux-mêmes des convictions bien pesées plus générales et ils systématisent les convictions bien pesées les plus particulières de telle sorte que nous puissions voir comment elles peuvent toutes en être dérivées : à tout le moins on devrait reconnaître qu'elles sont grâce à eux mieux expliquées et rationalisées. Ainsi réunies, les convictions morales particulières et les principes moraux généraux forment un tout cohérent clairement exposé. Nous avons ici une théorie cohérentiste de la justification, mais celle-ci n'est pas aussi englobante qu'il ne le faudrait.

L'équilibre réfléchi large que je défendrai à l'encontre de cette théorie est aussi une théorie cohérentiste de la justification et du raisonnement moral, mais il jette un filet plus vaste que ne le fait l'équilibre réfléchi étroit. Il vise à établir et à donner une représentation adéquate de la cohérence entre : 1) nos convictions morales bien pesées ; 2) un ensemble ou à tout le moins un groupe de principes moraux et 3) un ensemble ou un groupe de théories qui forment leur arrière-fond, à commencer par des théories morales et des théories sociales parmi lesquelles figureront certainement des théories empiriques portant sur notre univers social et sur la manière dont nous, humains, y fonctionnons.

Nous ne pouvons pas adopter le point de vue de nulle part où nous considérer comme des êtres nouménaux purement rationnels sans attaches locales ou culturelles[6]. Si nous cherchons à adopter, vis-à-vis de nos convictions morales bien pesées et nos conceptions morales et intellectuelles globales, l'optique propre à une époque et à un lieu radicalement différents, nous sommes voués à l'échec. Que cela nous plaise ou non, nous sommes les enfants de la modernité et nous sommes profondément influencés par ses conditionnements et ses consensus dominants. (Même les fondamentalistes musulmans qui ont fait toutes leurs études en Occident n'y échappent pas. Par certains aspects clés, leur réaction s'apparente à la réaction des romantiques allemands contre les Lumières.) Il est parfaitement vrai, si l'on considère le monde occidental industriel ou, comme disent certains, post-industriel, que cette influence s'exerce à des degrés divers; certaines strates ou sous-cultures sont plus profondément et plus largement touchées que d'autres par la modernité, mais ce que je veux dire ici, c'est que tous en subissent profondément l'influence. Et cette influence s'exerce d'autant plus sur nous, et d'une façon d'autant plus insidieuse, que nous nous écartons d'une démystification du monde.

Il est également vrai, bien entendu, qu'au sein de la culture de la modernité il y a des désaccords aussi bien que des consensus, mais ce qui est important pour l'équilibre réfléchi large, c'est qu'il y ait consensus, et il est inévitable, comme dans toute entreprise de justification, que nous partions de là[7]. Les questions de justification surgissent quand nous sommes en désaccord entre nous ou quand, individuellement, nous hésitons devant une alternative. Pour résoudre un différend, nous devons partir de positions que partagent toutes les personnes impliquées dans le débat[8]. Pour que la justification soit possible, il nous faut trouver un terrain commun. Bien sûr, si l'un d'entre nous est indécis sur quelque question, il doit tourner sa réflexion, même en tant qu'individu, vers un ensemble de croyances pertinentes et, pour le moment du moins, partagées.

Ainsi, dans l'ERL, nous partons de ce sur quoi il existe un consensus ferme. Dans le vaste assemblage des cultures de la modernité, il y a, heureusement pour nous, un chevauchement considérable de convictions bien considérées et un accord sur ce que j'ai déjà appelé les truismes moraux, tels les jugements selon lesquels il est mal de torturer les innocents, d'abuser de la confiance d'autrui, de ne pas tenir ses promesses, etc. Non pas que de pareilles actions ne puissent pas être commises, quelles que soient les circonstances. C'est plutôt qu'il est mal, *ceteris paribus*, de poser l'une ou l'autre de ces actions. Il y a toujours une présomption contre le fait de les commettre et, particulièrement dans le cas de la torture des innocents, la présomption est certes très forte. Ce sont là des considérations déontologiques, mais le consensus moral porte aussi sur les truismes moraux tels que : le plaisir est bon et la douleur mauvaise, il est bon de développer ses aptitudes et d'avoir un travail et des rapports humains doués de sens. Le consensus moral ne consiste pas seulement en un consensus sur les droits et obligations : il porte aussi sur certains jugements téléologiques. Il y a, en un mot, un vaste consensus sur des truismes moraux aussi bien déontologiques que téléologiques : toutes les théories éthiques, le scepticisme éthique excepté, rendent compte de ces jugements et rivalisent entre elles pour établir ce qui les motive et pour montrer comment, pris ensemble, ils peuvent raisonnablement être considérés comme formant un groupe de croyances cohérent. Du reste, le scepticisme éthique ne les rejette que parce le sceptique en matière morale rejette tous les jugements moraux en tant qu'ils sont de quelque manière injustifiés, sans doute parce qu'il n'y a pas, et ne peut y avoir, ce que J. L. Mackie a appelé la prescriptivité objective[9]. Mais le scepticisme éthique ne dénonce pas dans ces conceptions morales en particulier un défaut propre qui leur vaudrait d'être rejetées. Le scepticisme les rejette simplement parce que selon lui il n'est pas possible qu'une croyance morale, quelle qu'elle soit, puisse recevoir une garantie objective. (Du fait de sa généralité même, peut-être un tel scepticisme est-il suspect.) Nous devrions ajouter à la liste des éléments pour lesquels il existe un consensus ferme la préoccupation que, selon Charles Taylor, nous aurions développée depuis le XVIIIe siècle, à savoir « la préoccupation de préserver la vie, de satisfaire les besoins humains et, par-dessus tout, de soulager la souffrance[10] ». Bien entendu, il y a entre nous des désaccords profonds sur le droit et le bien, mais il y a aussi pas mal d'accords : aussi pouvons-nous et devons-nous *partir* de ce consensus en essayant de rationaliser la moralité et en essayant de montrer, contre le nihilisme, comment l'institution même de la moralité possède son utilité et sa raison d'être.

Nous partons de là avec nos convictions bien pesées fermement fixées et débarrassées des convictions que nous n'aurions que dans certaines circonstances, en particulier dans les circonstances où, de façon caractéristique, nous commettons des erreurs de jugement comme lorsque, par exemple, nous sommes sous le coup de la colère, de la dépression, de l'ivresse, de la fatigue, ou que nous sommes en état de stress ou sous l'emprise d'une idéologie, et ainsi de suite. Lors de notre premier filtrage, nous écartons les convictions qui ont de telles sources. Mais nous ne nous contentons pas simplement, comme l'intuitionniste, d'ajuster nos convictions morales particulières ainsi élaguées à nos principes moraux les plus généraux. L'ERL, contrairement à l'équilibre partiel ou étroit, ne consiste pas seulement à ajuster les jugements bien pesés aux principes moraux auxquels nous demeurons engagés après réflexion ou à l'ensemble de principes le plus simple dont ces convictions bien pesées pourraient être dérivées. L'ajustement que vise l'ERL implique l'agencement non seulement des principes qui satisfont les conditions que nous venons de citer, mais aussi de ceux qui s'accordent le mieux avec les théories éthiques les plus soigneusement élaborées et rationalisées. Ces théories sont, pour leur part, celles qui s'ajustent le mieux à ce que nous savons du monde et à tout l'éventail de nos convictions bien pesées, y compris, bien entendu, les convictions apportées à la défense de ces théories ou à celle des théories sociales pertinentes qui constituent leur arrière-fond. Ces théories font à leur tour intervenir des considérations morales dont certaines sont distinctes et logiquement indépendantes des convictions dont nous sommes partis. Nous faisons la navette entre les convictions bien pesées, les principes moraux, les théories éthiques, les théories sociales ainsi que les autres théories empiriques d'arrière-fond et les jugements bien pesés. Parmi ces derniers, certains au moins seront distincts du premier groupe des jugements bien pesés qui ou bien sont associés aux principes moraux, aux théories sociales et autres théories de l'arrière-fond, ou bien en sont constitutifs en tout ou en partie. (L'association sera telle qu'on fera couramment appel à ces jugements en justifiant les principes ou les théories.) Au cours de ce va-et-vient, nous modifions ou même abandonnons quelquefois une conviction bien pesée particulière, alors qu'à d'autres moments nous abandonnons ou modifions un principe moral ou nous en adoptons de nouveaux : parfois aussi (encore que, bien entendu, très rarement), nous modifions ou même abandonnons une théorie sociale ou une autre théorie d'arrière-fond ; il peut aussi arriver que nous en construisions une nouvelle. Nous effectuons des allers et retours — rebâtissant le vaisseau en pleine mer — modifiant ici, ajustant là, jusqu'à ce que nous obtenions un ensemble de croyances cohérent et consistant. Quand nous y sommes parvenus, nous avons atteint pour un temps l'équilibre réfléchi large. (Il est important, dans une telle approche cohérentiste, que le cercle de nos considérations soit large, et non étroit.)

En d'autres termes, l'explication la plus adéquate de la moralité est celle qui expose le plus clairement les conceptions que nous adopterions réflexivement et selon lesquelles nous agirions. Et c'est l'explication 1) qui ajuste en un tout cohérent, mieux que ne le font les autres explications, les points fixes, fussent-ils provisoires, de nos convictions bien pesées ; 2) qui cadre le mieux avec nos connaissances les plus solides et nos hypothèses les plus plausibles sur le monde (y compris, bien entendu, notre monde social) et 3) qui nous fournit la ligne de conduite la plus adéquate (en comparaison des autres explications) dans les circonstances où il nous apparaît difficile soit de former un jugement, soit de décider de l'action à entreprendre et où, par ailleurs, nous ne pouvons pas recourir à une application réfléchie de la théorie. Là où un jugement moral bien pesé suscite des doutes, l'ERL pourra nous aider à déterminer s'il faut continuer de l'accepter ou s'il faut le réviser et, le cas échéant, de quelle manière : dans de nouvelles situations (par exemple sur les questions nucléaires), l'ERL guidera aussi, mieux que ne le font les autres explications, les extrapolations basées sur les jugements dont nous disposons. Plus précisément, cette explication sera mieux à même de nous montrer quelles extrapolations doivent être faites dans ces circonstances à partir de l'ensemble de nos jugements bien pesés et à la lumière de ce que nous savons ou croyons raisonnablement au sujet du monde. Mieux une explication parvient à remplir ces tâches, meilleure elle est, et celle qui y parvient le mieux est la meilleure explication, c'est-à-dire qu'elle est celle qui entre pour l'instant dans un équilibre réfléchi.

Bien entendu, une explication donnée de la moralité peut s'acquitter mieux de certaines tâches et moins bien des autres. Quand cela se produit, et que nous ne pouvons pas mettre au point une explication qui réunisse pour un temps toutes les qualités requises, c'est que nous n'avons pas atteint l'équilibre réfléchi large. En outre, nous devons reconnaître, comme l'a dit Rawls, qu'un élément socratique reste à l'œuvre dans tous les raisonnements de ce genre. Nous formons immanquablement des jugements contextuels réfléchis dès lors que nous tentons d'interpréter des jugements moraux particuliers, des principes moraux et des théories éthiques qui rationalisent jugements particuliers et principes, que nous évaluons les faits et, aussi, que nous envisageons les théories sociales critiques à visée émancipatrice. Dans tous ces contextes nous faisons des jugements réfléchis sur ce qu'il convient de faire ou d'être. De plus, lors du choix des théories éthiques et sociales, des jugements bien pesés interviendront encore et nous nous fierons, sur le terrain en quelque sorte, à nos jugements réfléchis particuliers. Jamais nous ne rencontrons, au long de la voie cohérentiste, quelque chose qui soit complètement exempt de valeurs : nous ne pouvons échapper à la nécessité de faire des jugements réfléchis. Si nous disons des membres d'une population donnée à un lieu et un moment donnés qu'ils ont mis leurs jugements en équilibre réfléchi large et montré par là que ces jugements sont justifiés, cet équilibre réfléchi ne sera pas un équilibre qui aurait pu être réalisé sans qu'ils fassent de tels jugements réfléchis. Ici, aucun algorithme n'est disponible.

Notre explication justificatrice de la moralité sera cohérentiste, antifondationnaliste et holiste. Dans l'optique de cette explication, le fait de parvenir à une conception adéquate de la moralité et de représenter un point de vue moral fiable, ou à tout le moins le plus raisonnable étant données les circonstances, et qui soit, moralement parlant, le meilleur que nous puissions recueillir à un moment donné ne se réduit pas à obtenir *per impossible* une conception qui soit dérivée de principes généraux indiscutables ou qui soit de quelque manière basée sur eux. Il ne s'agit pas non plus de dériver de tels principes d'un ensemble de propositions évidentes en soi ou de traduire un point de vue moral en un ensemble de jugements bien pesés particuliers qui, même en théorie, ne seraient ni révisables ni discutables. Une telle quête de certitude, un tel appel tacite au fondationnalisme sont ici hors de question. Bien plutôt, la justification d'une thèse selon laquelle nous avons un point de vue moral donné «relève de l'appui réciproque que se portent plusieurs considérations, de leur agencement en une conception cohérente[11]». Ici, contrairement à ce qui se passe dans une conception intuitionniste ou dans quelque autre conception qui s'en tiendrait à l'équilibre réfléchi étroit, notre sens de ce qui est correct (*right*) et de ce qui ne l'est pas, de ce qui est bon et de ce qui est mauvais peut, bien qu'il soit d'abord basé sur la tradition, subir des changements importants commandés par le raisonnement critique et l'enquête menée à la lumière de nos convictions bien pesées. Cette explication cohérentiste, d'un bout à l'autre faillibiliste, où toutes les assertions, y compris n'importe quel jugement bien pesé de n'importe quel niveau, sont, au moins en théorie révisables, ne comporte pas d'appel fondationnaliste à certaines croyances morales (comme, par exemple, nos convictions bien pesées concrètes) en tant qu'elles seraient des croyances de base ou des croyances auto-justificatrices. La raison d'accepter les principes moraux que nous acceptons n'est pas que ces principes systématisent les jugements bien pesés préthéoriques, lesquels jouiraient d'un privilège épistémologique. Aucun des jugements moraux, des principes moraux, des théories morales ou des théories sociales d'arrière-fond ne se voit investi d'un tel privilège ni même de quelque privilège que ce soit. Il s'agit ici d'agencer ces divers éléments en un tout cohérent qui rende justice à la fois à l'importance et à la pertinence de nos convictions les plus fermes, à nos théories sociales et morales les mieux rationalisées et à ce que nous savons ou croyons raisonnablement au sujet du monde. Mais aucun de ces éléments n'est à l'abri de la critique : aucun ne forme la base justificatrice qu'il ne nous resterait plus qu'à accepter. Bien entendu, certains de ces éléments peuvent en fait ne jamais faire l'objet d'un doute ou d'une critique, et, comme le pragmatisme l'a souligné, il est tout à fait impossible de douter de tous à la fois. Il faut que quelque chose reste debout pendant que nos autres croyances vacillent. Et, ainsi que l'a montré Peirce contre Descartes, cela ne signifie pas qu'il y ait des croyances éternellement indubitables. Certes, les chances qu'on doute jamais de certaines de nos croyances sont astronomiquement faibles, mais cela ne veut pas dire qu'elles sont indubitables.

C'est ainsi que nulle part n'apparaît une thèse fondationnaliste, pas même au sujet de nos convictions bien pesées les plus fermes. Il ne s'agit pas d'essayer de trouver un point d'Archimède, mais plutôt d'acquérir, pour un temps et sans écarter l'éventualité d'une révision future, un assemblage de croyances qui soit à la fois maximalement cohérent et pertinent aussi bien pour l'organisation de notre vie en société que pour celle de notre propre existence en tant qu'individu. La justification en éthique consiste à faire entrer ces croyances dans un équilibre réfléchi large.

III

On redoute souvent que l'ERL, du fait qu'il s'effectue à partir d'un consensus particulier sur des jugements bien pesés en un temps et en un lieu particuliers, ne devienne, d'une manière ou d'une autre, ethnocentrique : il serait orienté au départ selon des divisions de classes, des différences culturelles, et ainsi de suite. Ces points de départ inévitablement locaux ne peuvent manquer, dit-on, d'infléchir les résultats.

Cette préoccupation ne me semble pas prendre suffisamment au sérieux ce qu'est l'ERL ni porter suffisamment d'attention à son mode de fonctionnement. Il se *peut* qu'un tel biais culturel, présent au début, le soit aussi à la fin, c'est-à-dire lorsqu'on a provisoirement réalisé l'ERL. Mais il n'est pas nécessaire qu'il en soit ainsi et j'avancerai volontiers qu'en fait il y a peu de chances qu'il en soit ainsi, particulièrement si nous nous astreignons à raisonner sur le mode de l'ERL. Bien entendu, nous n'avons ici aucune garantie — encore une fois, il nous faut éviter d'emprunter la voie *a priori* ou transcendantale — et nous ne saurons qu'un biais est présent ou non que lorsque nous aurons soigneusement mené à son terme un tel raisonnement et que nous l'aurons lui-même examiné de manière réfléchie. Mais je pense que nous pouvons avoir ici de solides intuitions sur le potentiel critique de l'ERL.

Supposons (à titre d'illustration) que nous soyons partis non pas de notre consensus, c'est-à-dire d'un consensus tel que nous pourrions effectivement le réaliser dans une société occidentalisée comme la nôtre, mais plutôt d'une *Sittlichkeit* correspondant à une moralité judéo-chrétienne de type Donagan-Anscombe (version quelque peu désuète de la moralité judéo-chrétienne). Cette moralité aurait en effet pu être notre *Sittlichkeit* à une étape antérieure de notre histoire. Les convictions bien pesées qui, dans un tel monde-vécu, feraient partie de notre consensus initial seraient qu'il faut proscrire la stérilisation volontaire parce qu'elle est une forme d'auto-mutilation, que les rapports sexuels « de rencontre » sont mal parce qu'ils ne peuvent conduire qu'à l'exploitation, que l'avortement, le suicide, l'euthanasie et les relations sexuelles hors-mariage sont toutes des choses absolument inadmissibles. Tel serait le noyau de convictions bien pesées dans un pareil monde-vécu. Mais le fait de partir de ce consensus ne signifie pas que nous y aboutirions après un débat culturel prolongé où les parties en présence se seraient engagées à utiliser l'ERL. S'engager à utiliser l'ERL ne veut pas seulement dire qu'on fait appel à un équilibre réfléchi partiel en vertu duquel on se contentera d'ajuster les jugements bien pesés aux principes premiers de la loi morale naturelle; plus radicalement et plus complètement, il signifie qu'on met ces jugements en équilibre avec les théories morales, les théories sociales et les autres théories pertinentes, empiriques ou non, qu'on a le mieux rationalisées et avec les meilleurs savoirs factuels qu'on a du monde. Le moins qu'on puisse dire, c'est qu'il est très douteux que le consensus initial sur les jugements bien pesés réussisse à survivre à l'exigence de justification en vertu de laquelle ces jugements devraient s'intégrer à l'assemblage le plus cohérent que l'on puisse produire à partir d'un tel éventail de croyances. Il est forcé que nous partions d'attaches locales, d'éléments stables de notre culture, et il serait illusoire de penser briser le cercle herméneutique ou le tissu de croyances afin de parvenir enfin à la contemplation des choses telle qu'elles sont *sub specie æternatis*. Mais, pour reprendre encore la métaphore d'Otto Neurath, nous pouvons rebâtir le vaisseau en pleine mer. Avec l'ERL, nous avons l'outillage conceptuel et empirique pour critiquer les convictions bien pesées dont nous partons initialement. Rien dans ce point de départ ne répond à l'image de l'enfermement conceptuel ou culturel. Et l'équilibre réfléchi large n'est pas une forme déguisée d'intuitionnisme avec ce que celui-ci comporte d'ethnocentrisme et de subjectivisme (car c'est bien à tort que l'intuitionnisme se considère comme une forme d'objectivisme). Bien entendu, nous ne parviendrons pas à la certitude, mais parler de connaissance certaine n'est pas un pléonasme et le faillibilisme n'est pas une version du scepticisme ou du subjectivisme. Il est bien tard pour cultiver la nostalgie de l'absolu.

IV

L'ERL est un triplet cohérent formé d'assemblages de croyances au sujet desquelles il y a ou il peut y avoir un vaste consensus bien informé dans une société ou un groupe de sociétés à un moment donné : ce triplet consiste en 1) un assemblage de convictions morales bien pesées spécifiques; 2) un assemblage de principes moraux (dont certains peuvent être des convictions bien pesées générales) et 3) un assemblage de théories d'arrière-fond pertinentes qui peut comprendre, et comprendra normalement, aussi bien des théories morales que des théories non morales. Norman Daniels, avec qui je partage ici, sous plusieurs aspects significatifs, des vues similaires, adopte, tout comme Rawls, une conception trop traditionaliste des théories d'arrière-fond pertinentes. J'admets que les théories morales traditionnelles (l'éthique normative) et une conception de l'organisation sociale forment une part considérable des théories d'arrière-fond [12]. En outre, je suis aussi d'accord avec Rawls et Daniels pour dire qu'à un autre niveau, l'ERL doit faire appel à une théorie du rôle de la moralité dans la société, à une théorie de la personne et à une théorie de la justice procédurale. Et je suis toujours d'accord avec eux pour dire qu'à un autre niveau encore, là où la faisabilité devient le test crucial, une théorie générale de la société et une théorie du développement moral sont nécessaires. Lorsqu'on avance des principes moraux tels qu'un principe (perfectionniste) de réalisation de soi, le principe d'utilité ou les deux principes de justice de Rawls et qu'on cherche, en vue de l'ERL, à obtenir d'abord un équilibre partiel, il est vital d'examiner de près les thèses et les raisons avancées par diverses théories morales, de voir ce qu'elles peuvent dire en faveur des principes qu'elles proposent et ce qu'elles peuvent dire à l'encontre des principes qu'elles critiquent. En revanche, lorsque vient le temps d'avancer les théories morales elles-mêmes, nous avons besoin d'une théorie du rôle de la moralité dans la société. Jusque-là, tout va bien. Mais Daniels accorde trop d'importance au rôle que peuvent jouer une théorie de la personne et une théorie de la justice procédurale lorsqu'il s'agit d'asseoir des positions et des théories morales. Les questions typiquement philosophiques ou légales reçoivent une attention plus grande qu'il n'est nécessaire ou désirable, alors que sont négligées la caractérisation et l'exploration du rôle de la théorie sociale générale ainsi que la spécification du genre de théorie sociale dont nous avons besoin. En un mot, trop d'attention est accordée à la philosophie conçue de manière plutôt traditionnelle et pas assez à la sociologie et la théorie critique.

Pour préciser ma position sur ce point, je procéderai indirectement. Michel Foucault, à qui on demandait pourquoi il devait s'intéresser à la politique, question qu'il considérait comme contenant déjà sa propre réponse, répondit en ces termes :

> [...] quelle cécité, quelle surdité, quelle densité d'idéologie auraient dû peser sur moi pour m'empêcher de m'intéresser à ce qui est probablement le sujet le plus crucial de notre existence, c'est-à-dire la société dans laquelle nous vivons, les rapports économiques à l'intérieur desquels elle fonctionne et le système de pouvoir qui définit les formes, les permissions et les interdits réguliers de nos conduites. L'essence de notre vie consiste, après tout, dans le fonctionnement politique de la société où nous nous trouvons.[13]

S'intéresser sérieusement à l'éthique, du moins dans des sociétés telles que la nôtre, c'est s'intéresser profondément à la politique, car en éthique nous nous penchons sur la qualité de notre vie et de nos rapports avec autrui : lorsque nous considérons théoriquement l'éthique, nous voyons que c'est là un sujet de préoccupation qui est au centre de la vie morale. Que cette préoccupation soit à ce point liée à la vie morale signifie que si nous nous soucions de moralité — et étant donné notre conditionnement, on peut s'attendre à ce que la plupart d'entre nous s'en soucient — nous devons aussi nous soucier de la société dans laquelle nous vivons. Car il est bien évident que la façon de nous occuper de nous-mêmes, de la qualité de notre vie et du genre de rapports que nous pouvons avoir avec autrui est elle-même affectée de manière profonde et envahissante par le genre de société dans laquelle nous vivons. Notre espoir de voir s'améliorer l'humanité, de satisfaire nos besoins de manière équitable et complète et de développer nos aptitudes est étroitement lié à ce qu'il est raisonnable d'espérer concernant les possibilités d'un changement social et à ce qu'il est raisonnable de désirer concernant le genre de société pour laquelle, que nous soyons optimistes ou non à cet égard, il serait raisonnable de lutter. Pour atteindre ici un niveau de compréhension acccceptable nous devons, si tant est que nous puissions acquérir un tel savoir, comprendre à tout le moins la manière dont fonctionne notre société et, dans la mesure du possible, la manière dont fonctionnent les sociétés en général. Nous avons besoin de comprendre la structure économique et sociale de notre société, ses structures de légitimation, ce qui assure sa cohésion et ce qui est susceptible d'y amener des changements, la direction et les limites des changements possibles et les chances qu'ils ont de durer.

Nous avons besoin d'une connaissance aussi grande que possible de ces choses pour parvenir à savoir ce à quoi nous devrions aspirer et comment nous devrions vivre, ce qui est correct et ce qui ne l'est pas. L'éthique et la politique (n'en déplaise à Henry Sidgwick) sont inextricablement mêlées. Mais les théories éthiques traditionnelles ne nous aident guère ici [14]. En effet, on doit s'attendre à ce que l'éthique théorique, du moins telle qu'on l'entend traditionnellement, soit davantage un obstacle qu'une aide quand il s'agit de comprendre et de faire valoir ce point de vue; de leur côté, les théories méta-éthiques ne sont absolument d'aucun secours, si ce n'est pour faire voler en éclats les mythes du rationalisme éthique. C'est donc ici, en développant un ERL adéquat, que nous devons commencer à prendre en considération la théorie de la société et les sciences sociales ou (pour ne rien devoir au scientisme) les études sociales. Nous avons besoin ici de plus de sociologie et de moins de philosophie (au moins telle qu'on l'entend traditionnellement), car si dans le passé les figures d'Aristote, d'Augustin, de Montesquieu et de Hobbes ont dominé ces questions, ce sont aujourd'hui non plus des philosophes mais des penseurs sociaux dans le sillage de Marx, Weber et Durkheim qui peuvent inspirer la théorie sociale dont nous avons besoin. (John Dewey, d'une certaine manière fait exception, mais de toute façon ce philosophe appartient à un genre assez particulier : voilà un homme qui n'a pas emboîté le pas de la tradition. Et en effet, il n'est pas rare que des philosophes jugent qu'il n'est pas des leurs.)

V

Etant donné cette façon de concevoir l'ERL, il est de toute première importance de déterminer s'il est possible de mettre au point, dans une version intellectuellement valable, une théorie critique de la société qui soit à la fois holiste et pourvue d'une visée émancipatrice. J'ai l'intention ici d'esquisser une telle théorie. Je ne me soucie pas de savoir si oui ou non elle est compatible avec les positions adoptées par Habermas sur des questions similaires. Que cette théorie critique de la société puisse être qualifiée ou non de philosophique ou qu'elle soit considérée comme un surgeon de la philosophie sont aussi des questions auxquelles je suis passablement indifférent. Si la « philosophie » peut en gros être conçue comme un entreprise visant à produire une représentation compréhensive du monde et à trouver ainsi un sens à notre propre existence, alors une théorie critique de la société fait partie de la philosophie. Mais beaucoup voudront concevoir la «philosophie» dans un sens plus étroit, c'est-à-dire comme faisant partie d'une matrice disciplinaire distincte. Quoi qu'il en soit, ce qui importe ici, ce n'est pas de savoir si une théorie critique de la société relève ou non de la philosophie, mais si elle peut avancer des thèses qui sont susceptibles d'être justifiées et si elle peut fournir une explication adéquate de ce qu'est la société et de la façon dont s'effectuent les changements sociaux [15]. La théorie critique cherche à comprendre comment les choses se tiennent et comment, parmi les différentes manières dont les choses peuvent se tenir, certaines sont susceptibles de répondre plus adéquatement aux besoins humains et de mettre davantage à profit les capacités humaines. Dans la recherche de l'ERL, le fait de disposer d'une théorie sociale ayant cette capacité est d'une importance considérable. S'il s'avérait qu'une théorie critique viable est inaccessible, la force et l'intérêt de l'ERL s'en trouveraient considérablement diminués.

La théorie critique que nous envisageons ici, avec l'espoir peut-être illusoire qu'elle est réalisable, est une théorie holiste qui exposera et expliquera exhaustivement comment les choses se tiennent. Elle est à la fois une théorie descriptive-explicative, une théorie interprétative et une critique normative. Des éléments de la philosophie, telle qu'on la conçoit traditionnellement, seront amalgamés dans cette théorie avec les sciences humaines et les sciences sociales. Dans cet amalgame aucun des éléments ne revendiquera l'hégémonie et la philosophie aura abandonné sans équivoque ses prétentions exclusives à être la «gardienne de la raison». (Affirmer cela, ce n'est pas défendre l'irrationalisme ni s'en prendre à la raison, mais c'est rejeter le rationalisme philosophique. La formule de Friedrich Waismann est salutaire, selon laquelle le cœur du rationalisme est irrationnel.)

La théorie critique, tout en étant descriptive et explicative, fera aussi une critique détaillée de la culture, de la société et de l'idéologie. Et c'est ici, bien entendu, qu'elle remplira sa fonction critique et émancipatrice, encore que, dans une large mesure, elle ne la remplira qu'indirectement et grâce à son pouvoir explicatif, descriptif et interprétatif. Elle ne nous aidera pas seulement à mieux voir qui nous avons été, qui nous sommes et qui nous pouvons devenir, mais aussi, là où le choix est possible, ce qu'il vaut mieux pour nous de devenir et la forme de société qui est non seulement plus juste mais aussi plus humaine et qui satisfait davantage les besoins et les aspirations des humains. Ici, il est clair qu'une théorie critique de la société et l'ERL sont interdépendants. Il va de soi que nous ne parlons pas ici d'un ERL appauvri. Il est également important de voir que la théorie critique au sens où nous l'entendons n'est pas une de ces visions sophistiquées du monde — une autre de ces visions philosophico-sociales grandioses — mais une conception à la fois empirique et théorique devant se plier à des contraintes empiriques[16]. Elle est une théorie qui décrit et explique à la fois la structure de la société, l'éventail de ses transformations réalisables et les mécanismes de ces transformations.

La théorie critique est le projet d'une modernité émergeant des Lumières et elle subit aujoud'hui les attaques du post-modernisme. Pour rendre à la post-modernité ce qui lui est dû, on doit convenir qu'il n'est certainement pas déraisonnable d'être sceptique quant aux chances qu'ont des théories sociales aussi vastes de pouvoir satisfaire quoi que ce soit qui se rapproche d'une authentique contrainte empirique. Il se peut après tout, quelle qu'ait été par ailleurs l'intention de leurs auteurs, que ces théories ne soient que des théories grandioses ou des méta-récits ne nous fournissant guère que des images du monde enjolivées. La théorie critique pourra être plus que cela, elle pourra être une authentique théorie critique, si elle peut contribuer à résoudre des problèmes humains déterminés, si elle peut par exemple nous aider à découvrir ce qu'il convient de dire et de faire au sujet de l'avortement ou du terrorisme, si elle peut induire une pratique théorique dont les résultats sont indubitablement émancipateurs, si elle est une théorie dont la structure descriptive-explicative peut effectivement conduire à des explications vraies ou approximativement vraies et si, finalement, les explications qu'elle fournit, jointes aux thèses évaluatives et normatives contenues dans la pratique théorique, peuvent s'intégrer harmonieusement dans un cadre adéquatement articulé et suffisamment exhaustif. Tout ceci, qui requiert une théorie de la société, est, bien entendu, une portion de l'ERL, et il faut admettre, encore une fois, que les perspectives de mener à terme ne serait-ce qu'une version provisoirement acceptable d'une théorie aussi grandiose sont décourageantes. (Peut-être est-ce une erreur de parler ici de «terme».) Dire cela des perspectives de réalisation est une chose, c'en est une autre de dire qu'il y a quelque incohérence dans l'idée même d'une théorie aussi grandiose. Mais l'existence d'un tel obstacle conceptuel n'a pas été établie. Il n'a pas été montré qu'il y a quelque chose d'incohérent dans l'idée même d'une théorie critique exhaustive de la société. Les difficultés quant à sa portée, les problèmes soulevés par l'explosion du savoir, par la complexité du monde social, et ainsi de suite, semblent du moins être des difficultés d'ordre empirique, et non pas des difficultés inhérentes à l'idée même d'une théorie holiste de la société. La preuve de la viabilité de la théorie critique sera dans la mise en œuvre autocritique d'un programme comparable à celui de la théorie critique : programme qui, s'il est réalisable, nous donnera la théorie sociale appropriée pour l'ERL et aura, plus généralement, un potentiel émancipateur.

Les post-modernistes résisteront à un tel appel à la théorie. Ils ne sont pas rares ceux qui prétendent que l'incommensurabilité des théories concurrentes et des formes de vie est trop profonde pour que des théories grandioses soient possibles. Une tentative en ce sens produirait plutôt de l'idéologie déguisée en théorie. Ceux-là mêmes qui se sont appliqués à faire tomber les masques, tels Marx et Freud, disent-ils, portent des masques sans le savoir. Habermas, en réagissant au post-modernisme et en défendant en fait les idéaux des Lumières, soutient, avec raison je pense, que la théorie critique requiert une distinction nette entre théorie et idéologie. Sans elle, la possibilité même d'une théorie critique est compromise.[17]

La théorie critique soutient qu'il y a dans notre monde-vécu toute une série de croyances légitimantes aberrantes qui, prises ensemble, forment nos mythes légitimants. (Bien entendu, il n'est question ici de «légitimation» qu'au sens sociologique du terme.) Ces croyances fausses et les attitudes inadéquates qu'elles commandent sont les normes et les attitudes qui, dans une mesure non négligeable, président à la constitution de notre image du monde et à la formation de notre conscience sociale. Ce sont elles qui nous amènent à tenir pour légitime, ou du moins à accepter comme nécessaire, un réseau d'institutions et de pratiques hautement répressives, y compris certaines attitudes politiques conservatrices et une discipline de travail autoritaire. Ce sont là des croyances idéologiquement aberrantes tout à fait centrales — elles constituent un système de mythes légitimants — qui sous-tendent notre système social de coercition.

De ce fait, une critique de l'idéologie est un élément vital dans une théorie critique. Mais dire cela, c'est souligner l'urgence de pouvoir distinguer la théorie critique de l'idéologie et, de manière plus générale, l'idéologie de la non-idéologie, le discours aberrant du discours qui ne l'est pas. A quoi finalement ressemblerait un ensemble de croyances légitimantes non idéologiques? Qu'est-ce que ce serait qu'avoir une explication vraie de la société, une explication grâce à laquelle nous pourrions accéder, contre l'ironie post-moderniste et le scepticisme envahissant, à une image correcte de nos besoins et de leur importance relative et à une compréhension de nous-mêmes débarrassée de toute idéologie, une théorie qui nous rendrait donc capables de voir correctement le monde ? (Les post-modernistes, bien entendu, contesteront jusqu'à l'idée de vision correcte du monde.)

Voyons, en suivant plus ou moins Habermas, si nous pouvons caractériser un ensemble de circonstances telles que si elles étaient réalisées, les croyances alors entretenues de façon standard pourraient plausiblement être décrites comme des croyances non-idéologiques. Il s'agit, bien entendu, d'un modèle : nous parlons de circonstances contrefactuelles, non pas de nos sociétés où règnent les divisions de classes et le sexisme. Mais il est important, du point de vue de la cohérence de l'ensemble de ces circonstances, que celles-ci ne soient pas à ce point étrangères à notre monde que nous ne puissions concevoir ce que serait leur réalisation. Le fait qu'elles aient cette signification empirique ne veut pas dire cependant que nous devons être capables, pour que le modèle fonctionne, de mettre à jour les mécanismes causaux qui feraient advenir de telles circonstances, de tels états de choses. L'ensemble de ces circonstances doit représenter une situation dans laquelle s'élaborent à la fois nos croyances légitimantes (y compris, bien sûr, nos principales croyances morales) et les arguments en leur faveur. Ces circonstances peuvent être conçues comme celles d'une discussion ou d'une délibération totalement libres, où les participants cherchent à déterminer l'institution et les pratiques qu'il convient d'instaurer. La discussion est totalement libre dans la mesure où les participants peuvent se reconnaître comme libres de consentir à l'instauration d'une institution et de pratiques données et dans la mesure où les seules contraintes imposées sur la spécification des conditions de cette instauration sont celles du meilleur argument ou de la délibération la plus soigneusement menée. Là où nous discourons ainsi, il n'y a ni discours aberrant, ni discours idéologique. En outre, là où nous raisonnons ainsi et réussissons effectivement à réaliser un consensus, celui-ci n'est pas un simple consensus, mais un consensus rationnel. Dans nos cultures religieusement orientées (avec les divisions religieuses qu'elles comportent généralement), dans les cultures qui connaissent des divisions de classes et des divisions ethniques, nous ne parvenons pas, bien entendu, à tel consensus. Mais si la situation contrefactuelle qui réunit les conditions de discours non aberrant que je viens de décrire nous permet de parvenir à un consensus, un consensus évidemment non forcé et concevable quelles que soient les chances que nous ayons de le réaliser effectivement, alors une telle situation réunit les conditions qui doivent être réalisées pour que nous parvenions rationnellement à un discours non aberrant et non idéologique. Une théorie critique de la société articule un modèle de discours qui, s'il était adopté, nous mènerait au-delà des aberrations de l'idéologie et nous ferait accéder à une espèce d'objectivité[18]. L'ERL, en faisant appel à une théorie de la société, devrait faire appel à une théorie critique, car la manière dont la théorie critique conçoit une théorie de la société est susceptible de circonvenir l'ethnocentrisme qui afflige assez souvent les équilibres réfléchis partiels.

Mais il y a aussi le problème de l'incommensurabilité. Certains disent que l'histoire de l'éthique, comme l'histoire de la philosophie et, plus généralement, celle de la culture, est la suite des contingences ou des accidents qui ont marqué l'ascension et le déclin de divers jeux de langage et formes de vie, souvent incommensurables. Les philosophes s'entêtent à cultiver la nostalgie de l'Absolu, mais, après tout, il en est de même pour le retour au pur *laissez faire*[19], ce n'est jamais que de la nostalgie car nous ne disposons d'aucun point d'Archimède. Il n'existe pas de standards anhistoriques de rationalité ou d'objectivité nous donnant des raisons d'agir anhistoriques et qui puissent être considérées comme de bonnes raisons indépendamment du moment, du lieu et des circonstances.

Ce qu'il faudrait se demander, nonobstant les Peter Winch, Thomas Kuhn, Jacques Derrida et Richard Rorty, c'est s'il existe vraiment de tels abysses d'incommensurabilité, si vraiment, ainsi qu'on l'affirme, nous sommes conceptuellement enfermés dans divers cercles herméneutiques incommunicables[20]. Notre culture intellectuelle aussi bien que politique est prompte à suggérer que nous sommes inéluctablement les créatures de perspectives incommensurables. Il n'y a que des points de vue concurrents s'agissant de la vérité et de la fausseté, de la «justifiabilité» ou de la «non-justifiabilité» des théories scientifiques ou des conceptions morales, de l'à-propos des mesures politiques ou des qualités esthétiques des œuvres d'art. Mais à y regarder de près, dit-on, nous nous apercevons que nous avons des incommensurabilités telles qu'aucun ensemble de règles ne pourrait rendre compte du fait que des personnes différentes peuvent conclure un accord rationnel ou résoudre rationnellement un différend. Il n'est pas rare qu'on nous donne à penser que nous sommes inéluctablement voués à l'incommensurabilité.

Mais telle n'est pas notre destinée — c'est du moins ce que je prétendrai. L'ERL, plutôt que de sanctifier ou rationaliser notre prétendu cul-de-sac, peut être généralisé de telle sorte que nous puissions nous affranchir de ce soi-disant «enfermement conceptuel». Quand ils en viennent à un constat d'incommensurabilité, les opposants, de part et d'autre de l'abysse allégué, devraient pour un instant mettre entre parenthèses l'objet immédiat de leur litige et, comme dans les étapes initiales de l'ERL, essayer plutôt de déterminer entre eux les présupposés et les procédures que ni l'un ni l'autre ne trouve contestables dans le contexte de cette controverse.[21] S'ils découvrent un terrain commun, comme cela est virtuellement certain pour peu qu'ils ne mènent pas cette recherche rien que pour la forme, alors les délibérations ultérieures ne devraient faire intervenir que les seuls présupposés et procédures communément admis. Encore une fois, la stratégie consiste à aborder les secteurs contestés à partir d'un consensus, qui, peut-on prédire, ira en s'élargissant. Une fois ce consensus clairement établi et en le gardant présent à l'esprit, on tentera d'avancer sur le terrain contesté en tirant soigneusement les inférences qui, à partir du secteur où s'est fait le consensus, peuvent nous y faire progresser. Bien entendu, rien ne garantit *a priori* 1) que nous parviendrons au consensus de base ou 2) que nous serons capables, en raisonnant prudemment à partir de ce consensus, de régler ou à tout le moins d'atténuer le litige initial. Mais le fait qu'il n'y ait pas de garanties *a priori* ne devrait pas nous inquiéter outre mesure si, par ailleurs, nous avons de bonnes raisons empiriques de croire que de tels consensus sont réalisables. Et nous en avons. Et même si nous ne parvenions qu'au consensus initial, nous saurions alors que les thèses fortes de l'incommensurabilité sont erronées. Nous ne sommes pas captifs d'univers conceptuels radicalement différents, de points de vue ou de formes de vie entre lesquels il n'existe, et ne saurait exister, aucun pont susceptible de permettre la résolution objective et rationnelle des questions qui nous séparent ou nous distinguent. Il n'est pas nécessaire d'être rationaliste pour ne pas croire à l'aliénation post-moderniste de la raison.

NOTES

[1] Il existe ici divers croisements. Il peut y avoir des théories contractualistes et utilitaristes. Les thèses contractualistes peuvent aussi être compatibles avec des thèses cognitivistes ou non cognitivistes, elles-mêmes conçues soit comme des thèses ontologiques sur les valeurs, soit comme des thèses sur le statut logique des énonciations morales, ou encore comme des thèses épistémologiques sur la question de savoir si oui ou non des réactions morales peuvent être des affirmations de savoir, et si oui, de quelle manière. Mais un non cognitiviste tout comme un cognitiviste peut aussi être soit un perfectionniste, soit un déontologiste. Nous disposons finalement ici d'un nombre considérable de combinaisons et de permutations.

[2] Rawls (1971), pp. 192-21 [1987, pp. 45-47], 48-51, 577-587; Rawls (1974-1975), pp. 7-10; Daniels (1979a), (1979b), (1980b), (1985), English (1979); Nielsen (1982a), (1982b), (1985), chap. II.
[3] L'expression est de Habermas et nous nous rallions ici aux traducteurs français de Habermas (1986) (Ndt.).
[4] Rawls (1985) et (1974-1975).
[5] Rawls (1974-1975) et (1979).
[6] Cohen (1983); Berlin (1976), pp. 145-216.
[7] Rawls (1971), pp. 580-581 [1987, pp. 621-622].
[8] *Ibid.*
[9] Mackie (1956), (1977), (1980). Pour une discussion des opinions de Mackie et, plus généralement, du projectivisme ou du rejet de la prescriptivité objective, voir les essais réunis dans Honderich (1985).
[10] Taylor (1985), p. 155. Etant donné le carnage et la dégradation d'êtres humains par des êtres humains qui sont si caractéristiques du XXe siècle, qu'il s'agisse de l'hitlérisme ou du stalinisme, de l'Afrique du Sud ou des actes du gouvernement américain qui maintient ce qu'il considère comme sa propre sphère d'influence ou celle de ses pays amis, il est difficile d'admettre que les croyances dont parle Taylor aient un fondement réel. Quand nous considérons toutes ces tueries, on a peine à s'abstenir de toute ironie, voire de sarcasmes, vis-à-vis les affirmations de Taylor. Mais il faut convenir que tandis que les personnages dépeints dans les sagas islandaises pouvaient se tailler en pièces les uns les autres la conscience tranquille, nous avons besoin de rationalisations compliquées pour nous massacrer et nous torturer les uns les autres, et en l'absence de ces rationalisations, ces tueries et ces souffrances infligées à autrui inspirent une horreur et une révulsion largement répandues. De sorte qu'en un sens tortueux nous croyons réellement qu'il faut de fait éviter les souffrances inutiles.
[11] Rawls (1971), pp. 21, 579 [1987, pp. 47-48, 620].
[12] Voir les références de la note 2, en particulier Daniels (1980b).
[13] Foucault (1974), p. 168. Il s'agit d'un débat avec Noam Chomsky.
[14] Williams (1985), pp. 74, 120, 151-153, 171-173 et 198.
[15] Ce devrait être ce qu'on a appelé une «théorie grandiose». Voir Skinner (1985). Mais pour avoir quelque valeur, elle devrait être soumise aux contraintes que signale Frederick Crews dans Crews (1986).
[16] Crews (1986) met avec raison l'accent sur la nécessité de telles contraintes, mais c'est à tort qu'il affirme qu'à cet égard les théories marxistes et freudienne devraient être rétrogradées, du fait qu'elles fonctionnent plus comme des *Weltanschauungen* que comme des théories scientifiques. Richard Miller montre que l'explication marxiste peut être une authentique science sociale satisfaisant les contraintes qu'impose Crews sans qu'elle soit entravée, comme le suppose ce dernier, par ses attaches positivistes. Voir Miller (1984). Voir aussi Beehler (1987), pour un compte rendu critique de Miller (1984).
[17] Peut-être que ce qu'il y a de plus crucial à consulter ici est son échange avec Richard Rorty. Voir Rorty (1986), pp. 1-9 et Habermas (1981), pp. 3-14. Voir également Nielsen (1987b), de même que Habermas (1986) et (1981).
[18] Pour se convaincre de la complexité du concept d'objectivité, voir Nagel (1980). Voir aussi Williams (1985), ainsi que deux comptes rendus de son livre : Hart (1986) et Nagel (1986).
[19] * En français dans le texte (NdT).
[20] Levi (1981) et Nielsen (1986) et (1987).
[21] Levi (1981).

La justice en tant que choix social*

David Gauthier

I

Le juste est à la société ce que le bien est à l'individu. John Rawls a bien su formuler le parallèle : « De même que chaque personne doit décider par une réflexion rationnelle ce qui constitue son bien, c'est-à-dire le système de fins qu'il est rationnel pour elle de rechercher, de même un groupe de personnes doit décider une fois pour toutes ce qui en son sein doit être tenu pour juste et pour injuste »[1]. On pourrait croire qu'il est possible de poursuivre le parallèle en ajoutant : « c'est-à-dire le système de fins qu'il est rationnel pour lui de poursuivre ». Mais cela peut induire en erreur : car si l'on peut fort justement caractériser le bien d'un individu comme un système de fins, la question demeure controversée de savoir si la justice d'une société est aussi un système de fins.

L'individu rationnel poursuit son bien, la société rationnelle poursuit la (sa) justice. Les principes qui guident les individus rationnels poursuivant leur bien font l'objet d'une théorie de la décision, la théorie du choix individuel. L'opinion la plus répandue de nos jours est que ces principes

---

* Cet article est une version modifiée de Gauthier (1985).

sont ceux de la maximisation de l'utilité espérée (*expected utility*). L'idée de base est fort simple. Le bien d'un individu est déterminé par ses préférences bien pesées (*considered preferences*) vis-à-vis des résultats (*outcomes*) possibles des lignes d'actions ou, plus généralement, des modes de vie qui lui sont accessibles. Nous introduisons une mesure numérique de ces préférences, *l'utilité*, de sorte que nous pouvons remplacer l'idée de poursuite d'un système de fins par celle, plus précise, de maximisation d'une quantité unique. L'individu rationnel poursuivant son bien peut être représenté comme cherchant à maximiser son utilité. L'idée d'utilité *espérée* entraîne des complications supplémentaires que je laisse ici de côté.

Etant donné notre parallèle entre bien individuel et justice sociale, nous devrions être capables de déterminer les principes qui guident la société rationnelle dans sa recherche de la justice. Ceux-ci feraient alors l'objet d'une théorie de la décision collective, ou du choix social. De cette manière, la théorie de la justice ferait partie de la théorie du choix rationnel.

Ici encore, nous nous faisons l'écho d'une opinion avancée par Rawls[2]. Mais la façon dont celui-ci rend compte du rapport entre la justice et le choix rationnel diffère de la nôtre. Rawls considère les principes de justice comme la *solution* d'un problème de décision individuelle. Placez n'importe qui derrière le voile d'ignorance, confrontez-le au problème de choisir des principes pour la structure de base de la société : les principes qu'il choisira seront les principes de justice. Mais si c'était là le seul rapport, la théorie de la justice ne ferait pas partie de la théorie du choix rationnel. La théorie de la justice de Rawls, comme une théorie de l'investissement, fait usage des procédures du choix rationnel. Pour arriver aux principes de justice, comme pour arriver à des stratégies d'investissement, il faut avoir résolu certains problèmes de décision. Bien entendu, les principes utilisés pour résoudre ces problèmes font eux-mêmes partie de ce dont traite la théorie du choix rationnel. Mais leur application ne fait pas partie de cette théorie.

En affirmant que la théorie de la justice fait partie de la théorie du choix rationnel, je n'affirme pas qu'on parvient aux principes de justice par une procédure qui exige de nous que nous résolvions un ou des problèmes de décision rationnelle. Il se peut qu'on parvienne aux principes de cette manière; je soutiendrai en effet que c'est ainsi qu'on y parvient. Mais ce n'est pas ce que j'avance pour le moment; ce que je dis ici c'est que les principes de la justice sont des principes pour *faire* des choix rationnels. Ce ne sont pas des principes pour le choix rationnel fait par un individu qui recherche son propre bien, mais des principes pour le choix rationnel fait par une société — un groupe d'individus — qui recherche la justice : par voie de conséquence, ces principes seront des principes pour le choix fait par chaque personne en tant qu'elle est membre de la société et qu'elle recherche la justice. C'est le rôle que jouent les principes de justice dans la prise de décisions ou la détermination des choix, et non le rôle qu'ils jouent en tant que résultat d'un choix, qui fait de la théorie de la justice une partie de la théorie du choix rationnel.

Dans la perspective que nous adoptons, les questions méta-éthiques, à tout le moins dans le domaine de la justice, se réduisent à des questions de méta-choix. Les principes de la justice ont le même statut, quel qu'il soit, que les principes du choix rationnel. Les jugements déontiques, dans le domaine de la justice, sont simplement des jugements sur ce qu'il est rationnel de faire ou de choisir pour des individus en tant qu'ils sont membres de la société. Bien entendu, je ne prétends pas que cela résume tout ce que nous pensons d'ordinaire des jugements éthiques; mais cela récupère ce qu'il y a de rationnel dans le tout-venant de nos attitudes éthiques de tous les jours. Incorporer la théorie de la justice dans la théorie du choix rationnel est un exercice de reconstruction rationnelle et les questions de méta-éthique et de méta-justice doivent demeurer en suspens jusqu'à ce que cette reconstruction soit complétée.

II

Le choix social est au choix individuel ce que la justice est au bien. Si nous concevons la poursuite de la justice comme la poursuite d'un système de fins, alors nous pouvons supposer que la théorie du choix social doit se modeler sur celle de la décision individuelle. Nous pouvons supposer que de même que l'individu peut être représenté comme cherchant à maximiser une certaine quantité, généralement désignée par le terme d'«utilité», la société peut être représentée comme cherchant à maximiser une quantité, généralement désignée par le terme de «bien-être» (*welfare*). Un individu atteindrait son bien, dans la mesure où il lui est possible de le faire, en maximisant l'utilité; une société atteindrait la justice, dans la mesure où il lui est possible de le faire, en maximisant le bien-être. Cette facile identification de la justice au bien-être devrait éveiller le soupçon : nous allons en effet la rejeter. Mais poursuivons un peu plus avant ce soi-disant parallèle — bien ancré dans la littérature — entre choix individuel et choix social.

En poursuivant le parallèle entre le bien individuel et la justice sociale, nous supposons que cette dernière est déterminée par les préférences de la société vis-à-vis des résultats possibles des diverses politiques sociales qui lui sont accessibles. Nous introduisons le bien-être comme une mesure numérique de ces préférences. Les principes du choix social, et donc les principes de justice, seront alors les principes de maximisation du bien-être espéré. Mais, bien sûr, nous voudrions que les préférences de la société soient reliées positivement aux préférences des individus qui la composent. Les théoriciens du choix social font alors face à une alternative.

D'une côté la relation d'ordre faible (*weak ordering*) entre les préférences sociales peut être basée, et ce exclusivement, sur l'information fournie par l'ordre des préférences individuelles. Ceci s'oppose à l'introduction de toute mesure interpersonnelle de préférence, puisqu'une telle mesure ne peut pas être retracée à partir des relations d'ordre individuelles. Et nous voyons surgir ici le spectre de Kenneth Arrow armé de son théorème d'impossibilité[3]. Etant donné des conditions faibles — des conditions qui exigent un rapport positif entre les préférences sociales et les préférences individuelles, qui excluent la présence d'un dictateur et exigent que l'ordre des préférences sociales vis-à-vis de chaque sous-ensemble de résultats puisse être retracé à partir des ordres de préférences individuelles vis-à-vis de ces mêmes éventualités — Arrow démontre qu'aucune règle de choix social ne permet d'associer un ordre de préférences sociales à chaque ensemble d'ordres de préférences individuelles.

L'impact de ce théorème dévastateur peut être atténué si on ne requiert pas du choix social qu'il s'exprime dans un ordre de préférences sociales; la règle pour le choix social peut dès lors associer un ensemble non-vide de résultats socialement meilleurs à chacun des ensembles d'ordres de préférences individuelles. Mais les règles qui satisfont les versions convenablement modifiées des conditions d'Arrow et déterminent un ensemble de choix social sont désespérément rares. Et bien sûr, dans des conditions plausibles, la seule règle admissible identifie l'ensemble de choix avec l'ensemble des résultats efficaces ou qui constituent un optimum de Pareto : c'est-à-dire les résultats qui sont tels qu'aucun autre ne leur est préféré par quelqu'un sans être «dispréféré» par quelqu'un d'autre[4]. Cette règle assigne un bien-être social égal à tous ceux des résultats pour lesquels il devient difficile d'effectuer une sélection. Quand on l'interprète en termes de justice, cette règle sanctionne comme juste n'importe quel résultat dès lors que tout autre résultat entraîne une détérioration de la condition de quelqu'un. L'esclavage est juste au sein d'une société dès lors que les propriétaires d'esclaves ne peuvent pas être pleinement dédommagés pour son abolition. Il semble évident que la règle extensionnée de Pareto est inadéquate.

D'un autre côté, les ordres de préférences sociales peuvent être basés sur l'information fournie par une mesure interpersonnelle des préférences individuelles. L'existence d'une quelconque mesure nous permet de représenter les préférences de chaque personne par une fonction d'utilité à valeur réelle. Mais, même en ne présumant pas de la comparabilité interpersonnelle, si nous supposons que la préférence sociale doit être elle aussi représentée par une fonction de bien-être à valeur réelle et que l'indifférence sociale vis-à-vis de deux résultats possibles suit de l'indifférence de tous les individus vis-à-vis de ces deux résultats, alors le bien-être doit correspondre à une somme statistiquement établie d'utilités individuelles. Si nous supposons alors que les préférences sont interpersonnellement comparables, nous pouvons considérer cette somme statistique comme réduisant l'utilité d'individus différents à la mesure commune que nous fournit la comparabilité, le bien-être étant alors simplement la somme des utilités individuelles comparables. Ces résultats, qu'a démontrés J. C. Harsanyi, constituent une preuve que si le choix social est basé sur des préférences sociales dérivées de préférences individuelles interpersonnellement comparables, alors le choix social rationnel doit être *utilitariste*[5].

Contrairement à la règle *extensionnée* de Pareto, la règle utilitariste nous permet de distinguer les uns des autres, en termes de bien-être social, les résultats possibles qui sont susceptibles d'être sélectionnés. Elle offre, au moins en principe, une procédure praticable de décision sociale. Cette procédure est naturellement associée au bien-être plutôt qu'à la justice, puisqu'elle se concentre entièrement sur la production des biens sociaux plutôt que sur leur répartition. La règle utilitariste, comme toute règle qui prend le choix individuel pour modèle du choix social ou la préférence individuelle pour modèle des préférences sociales, doit ainsi se concentrer sur la production. Quoique l'utilitariste ne considère pas la société comme ayant un bien propre qui soit indépendant du bien des individus la composant, il n'en demeure pas moins qu'il la considère comme ayant un bien comparable à celui des individus eu égard au rôle que joue ce bien dans le choix rationnel. Il voit la société comme poursuivant un système de fins, encore que ce système soit déterminé par les systèmes de fins des individus qui la composent, et suppose qu'il est possible de substituer la maximisation d'une quantité unique à la poursuite de ce système de fins.

Je ne puis m'engager ici dans une critique en règle du point de vue utilitariste ou de celui, plus profond, selon lequel le choix social et les préférences sociales ont pour parallèles le choix et les préférences individuels. Mais je proposerai, et m'efforcerai de rendre plausible, une autre façon de voir les choses. Encore une fois, je fais appel à Rawls pour formuler l'idée qui inspire cette façon de voir; c'est l'idée selon laquelle la société est une «entreprise de coopération en vue de l'avantage mutuel»[6]. Le choix social doit être rationnel du point de vue de chaque individu au sein de la société. Pour qu'un individu fonde ses actions sur les principes du choix social ou de la justice ou pour qu'il s'y conforme, il doit trouver que son appartenance à la société lui permet de poursuivre son propre système de fins plus efficacement que s'il agissait de sa propre initiative, indépendamment des autres, dans un «état de nature». Nous ne prétendons pas que toutes les sociétés existantes peuvent être correctement décrites comme des entreprises de coopération en vue de l'avantage mutuel. Ce que nous affirmons, c'est que les sociétés qui commandent le soutien rationnel de leurs membres doivent posséder cette caractéristique.

Une société rationnelle ne poursuit donc pas son propre système de fins, fût-il dérivé des fins des individus qui en sont membres. Bien plutôt, les décisions sociales, dans la mesure où elles sont rationnelles, visent à promouvoir les multiples biens individuels, de manière que l'avantage mutuel en résulte. Bien que ces décisions soient liées à la production de bénéfices, il n'en demeure pas moins qu'elles ont aussi à voir, et pas seulement de manière dérivée, avec la répartition appropriée des bénéfices que la société rend possibles. Les critères par quoi on reconnaît qu'une répartition est appropriée reflètent ici les idées sous-jacentes de coopération et de réciprocité. La société ne se propose donc pas simplement ou tout uniment de créer un bien-être maximal, mais plutôt de parvenir à l'équité et ainsi à la justice. L'idée d'une société conçue comme une entreprise de coopération en vue de l'avantage mutuel lie le choix social rationnel à la justice. Et cet objectif de justice sera atteint non pas par des prises de décision qui font uniquement intervenir une procédure de maximisation sociale, mais plutôt par des prises de décision qui reposent sur un accord (*agreement*) entre les individus participant à l'entreprise de coopération. En d'autres termes, les principes de justice sont ces principes pour prendre des décisions ou faire des choix sociaux auxquels des individus rationnels, chacun cherchant à collaborer avec ses semblables afin de maximiser sa propre utilité, donneraient leur accord.

III

Partant de l'idée que la théorie de la justice fait partie de la théorie du choix rationnel, nous en sommes arrivé à dire que la théorie de la justice fait usage de procédures de choix rationnel. Car nous supposons maintenant que les principes de justice, ou du choix social rationnel, doivent eux-mêmes être traités comme la solution d'un problème de décision rationnelle, ou, plus précisément, comme un problème d'accord rationnel entre des individus. D'un côté, donc, ces principes caractérisent l'activité sociale rationnelle, conçue comme une activité de coopération mutuellement avantageuse, de la même façon que les principes de maximisation de l'utilité espérée caractérisent l'activité individuelle rationnelle. Mais d'un autre côté, nous affirmons maintenant que ces principes sont eux-mêmes l'objet d'une activité rationnelle particulière, qui consiste à se mettre d'accord sur des principes de coopération.

Rawls pose le problème de l'accord rationnel sur les principes de justice comme un problème de choix individuel. Il insiste pour dire que «les parties n'ont aucune base pour marchander (*bargaining*) au sens habituel du terme»[7]. L'idée d'accord est superflue dans la théorie de Rawls parce que les individus censés se mettre d'accord sur les principes de justice sont placés derrière un voile d'ignorance à ce point épais que les différences qui les séparent s'évanouissent. Chacun se demande simplement quels sont les principes qu'il serait rationnel d'accepter en ignorant tout des faits particuliers touchant ses talents et ses aptitudes, ses traits de caractère et les circonstances. Chacun sait que parce que tous sont dans la même ignorance, le raisonnement qui convaincra l'un convaincra tous les autres. Ainsi, chacun peut se représenter comme décidant des principes de justice ou les choisissant derrière le voile d'ignorance; les principes que quiconque choisit seront ceux que tous choisissent.

Sur ce point, nous ne suivons pas Rawls. Son appel au voile d'ignorance est motivé en dernière instance par le fait que les parties sont censées, selon lui, rechercher une conception de la justice appropriée à des «personnes morales égales et libres»[8]. Les différences et les inégalités réelles qui les caractérisent doivent être écartées comme moralement non pertinentes. Ainsi, dans l'optique de Rawls, les principes de justice doivent être reliés à une conception morale antérieure de la personne. Mais si nous maintenons strictement le parallèle entre le bien individuel et la justice sociale avec lequel nous avons débuté (et qu'un lecteur pressé pourrait aussi considérer comme le point de départ de Rawls), alors nous ne pouvons pas faire appel à cette conception morale. La personne humaine devra plutôt être vue de la même manière tant du point de vue de la justice que du point de vue du bien. Si l'individu est représenté comme un «maximisateur» d'utilité espérée, de sorte que son bien est ce qu'il choisit sur la base de préférences globales bien pesées, alors la justice parmi plusieurs individus doit être celle à laquelle ces individus donneraient leur accord sur la *seule* base de leurs préférences globales bien pesées. Que nous nous préoccupions de bien individuel ou de justice sociale, une conception morale antérieure de la personne est hors de propos, si ce n'est dans la mesure où il peut arriver qu'elle fasse partie de nos préférences bien pesées.

En rejetant la position selon laquelle les principes de justice doivent faire l'objet d'un choix derrière un voile d'ignorance, nous ne supprimons pas toutes les contraintes sur les circonstances dans lesquelles ils doivent être sélectionnés. Nous supposons que les principes doivent fournir une base qui ne nous permette pas seulement de prendre à l'avenir des décisions sociales, mais aussi d'évaluer des décisions passées ainsi que des institutions et des pratiques existantes. Nous voudrons donc éviter que la sélection puisse être influencée par les circonstances sociales actuelles; nous ferons en sorte que les facteurs que nous cherchons à évaluer à l'aide des principes de justice n'interviennent pas dans le processus même par lequel nous nous mettons d'accord sur ces principes. Si nous devions supposer un accord dans lequel chaque personne tient pour acquise sa position sociale existante, nous laisserions en fait le *statu quo* imposer une contrainte sur le choix des principes de justice, alors que nous n'avons aucune raison de supposer que le *statu quo* soit lui-même réciproquement avantageux ou juste.

De plus, nous ne voudrons pas que la sélection des principes de justice soit affectée par les aptitudes réelles à marchander de chacun des individus, ou par la capacité de chacun de faire valoir ses intérêts dans le cadre des accords qu'il conclut avec les autres. Les principes du choix rationnel sont définis en fonction d'un «décideur» idéal; leur usage doit être ajusté aux aptitudes des agents particuliers, mais nous ne supposons pas que les principes eux-mêmes doivent être reliés à la rationalité imparfaite des personnes réelles. De même, les principes de justice sont définis pour une société idéale, même si leur application doit être ajustée aux circonstances et aux aptitudes des membres réels d'une société imparfaite. Nous devons donc supposer que le processus au terme duquel on s'entend sur le choix des principes doit lui-même être idéal, de sorte que les partenaires, quelles que soient leurs aptitudes réelles, doivent être conçus comme des négociateurs également capables de faire valoir leurs intérêts, et ce aussi pleinement et aussi efficacement que possible. Nous parvenons à cette conception idéale non pas en plaçant les négociateurs derrière un voile d'ignorance, mais plutôt en supposant chacun d'entre eux adéquatement informé non seulement de son propre bien, mais aussi de celui de ses semblables. La communication parmi les personnes doit être complète et libre; nul n'est capable de tromper autrui sur les intérêts de qui que ce soit ou de l'induire en erreur sur ce que quiconque est disposé à faire. L'activité de marchandage doit être conçue comme exempte de coûts, afin que les participants ne soient pas pressés, et, en particulier, inégalement pressés, de conclure un accord. Nul n'est en mesure de profiter de ses aptitudes supérieures afin de l'emporter sur les autres. Les menaces sont inutiles pour des négociateurs rationnels idéaux, car une menace signifie que quelqu'un agira d'une manière qui ne maximise pas son utilité tant et aussi longtemps que quelqu'un d'autre n'aura pas accédé à ses désirs; puisque tous savent que personne ne mettra une menace à exécution, celle-ci demeure vaine. Ainsi, de ces diverses manières, nous exigeons que le processus de marchandage témoigne de l'égalité procédurale et de la compétence maximale des personnes qui s'apprêtent à se mettre d'accord sur les principes de justice.

Notre insistance à dire que les contingences sociales ne doivent pas influer sur le processus de marchandage et notre exigence selon laquelle les individus qui marchandent doivent être idéalement compétents, renseignés et rationnels n'entraînent ni l'une ni l'autre que les aptitudes naturelles des membres réels de la société soient non pertinentes pour l'accord. De même que chaque personne, en déterminant son propre bien, prend en ligne de compte ses capacités et ses intérêts particuliers, de même on doit s'attendre à ce que chaque personne, en se mettant d'accord avec les autres sur la justice sociale, prenne en ligne de compte ses propres aptitudes et intérêts. Mais personne ne sera de ce fait en mesure d'ajuster les principes de façon à s'assurer un privilège, puisque chacun est également capable d'exiger que ses aptitudes et ses intérêts soient reconnus aux termes de l'accord. Chaque négociateur sert ainsi de représentant idéal à l'individu particulier qu'il sera dans le monde social mis en forme par les principes de justice sur lesquels on sera tombé d'accord; ainsi l'équité (*fairness*) est assurée au niveau procédural.

Avant de présenter la notion de marchandage qui nous permettra de caractériser l'accord particulier conduisant aux principes de la justice, soulignons qu'il doit y avoir dans cet accord un parallèle fondamental entre le processus de marchandage et le résultat du marchandage. Si la société est une entreprise de coopération, alors les principes du choix social doivent être des principes pour prendre des décisions coopératives ou consenties. Si ces principes sont choisis en vertu d'un accord, alors ils doivent implicitement caractériser le processus par lequel ils sont choisis. Nous pouvons illustrer ce point en rappelant l'argument de Rawls. Les principes que les individus choisiraient derrière le voile d'ignorance doivent avoir pour parallèles les principes qui guident le raisonnement de tels individus effectuant leur choix. Rawls suppose que les deux principes de justice centraux dans sa théorie sont eux-mêmes des cas particuliers d'un principe plus général, le principe lexical de différence, qui exprime une exigence *maximin*; le niveau minimal de bien-être dont jouit n'importe quelle partie de l'accord doit être maximisé[9]. Mais, précisément, le raisonnement qui, selon Rawls, mène au choix des principes de justice est un raisonnement maximin : on choisit le résultat qui maximise son bénéfice minimal. Il n'y a rien d'étonnant à ce que des personnes qui raisonnent de cette manière choisissent les principes maximin. Les principes du choix social rationnel reflètent ainsi les principes du choix individuel rationnel par lesquels ils sont sélectionnés. Dans notre analyse, les principes du choix social rationnel refléteront plutôt les principes du marchandage rationnel, c'est-à-dire les principes que chaque individu suit rationnellement en concluant des accords avec ses semblables.

IV

La théorie générale du marchandage rationnel est un territoire sous-développé. Nous pouvons bien sûr nous demander si une théorie pure du marchandage est possible, s'il existe des principes de marchandage rationnel aussi universellement applicables indépendamment du contexte que l'est le principe de maximisation de l'utilité espérée. John C. Harsanyi a prétendu qu'il y avait une telle théorie et qu'il l'avait conçue à partir des travaux de Frederik Zeuthen et John F. Nash[10]. Alvin E. Roth prétendra que la négociation est dépendante du contexte[11]. Bien que l'approche de Zeuthen-Nash-Harsanyi ait rallié une grande partie de ceux qui croient à la possibilité d'une théorie pure, il s'en faut de beaucoup qu'elle soit sans rivales. Sans me laisser ébranler par le scepticisme de Roth ou par le dogmatisme de Harsanyi, je récapitulerai ici une position que j'ai développée dans une série d'articles depuis 1974[12].

Dans un marchandage, il est naturel et apparemment nécessaire de penser que chaque personne part d'une position de base (*base point*), c'est-à-dire d'un gain (*payoff*) antérieur au marchandage qui ne sera pas remis en question du fait qu'il y a marchandage et qui devra être réalisé pour que l'individu accepte les termes du marchandage. Dans notre problème, le gain antérieur au marchandage peut être identifié à ce que chaque personne peut espérer gagner par ses propres efforts en l'absence de toute interaction coopérative ou consentie. Ou, plus précisément, on peut provisoirement identifier ainsi le gain antérieur au marchandage ; nous devrons nous demander s'il doit être soumis à d'autres conditions. Pour le moment, nous supposerons simplement que la position de base est fixée de quelque manière pour chaque personne.

Il est alors naturel de penser chaque négociateur comme formulant une réclamation (*claim*) qui reflète son désir de retirer autant que possible de l'accord, mais aussi comme étant restreint par le fait, dont il est pleinement conscient, que les autres ne doivent pas être amenés à se retirer de la table de négociation. Etant donné que les autres doivent espérer bénéficier de tout marchandage auquel ils voudront bien prendre part, on ne peut pas s'attendre à ce qu'ils considèrent une réclamation qui, si elle était satisfaite, leur vaudrait des gains moindres que ceux qu'ils pourraient espérer s'il n'y avait aucun accord et, par conséquent, moindres que ceux que leur garantit leur position de base. Le désir de bénéficier au maximum de l'accord et le besoin d'y parvenir déterminent ainsi la réclamation avancée par chaque personne : cette réclamation visera à recevoir le plus possible de n'importe lequel des résultats possibles garantissant à toute autre personne au moins autant que son gain en position de base. La maximisation individuelle de l'utilité espérée et l'avantage mutuel s'avèrent non seulement nécessaires, mais aussi suffisants pour déterminer toute réclamation.

Cependant, nous devons prendre garde de ne pas concevoir de manière trop simple la façon dont sont déterminées les réclamations. Dans une situation où interviennent plus de deux personnes, la réclamation de chacune doit être limitée à ces parties de l'entreprise globale de coopération auxquelles elle participe. Autrement, même si toutes les autres s'en tireraient mieux qu'en l'absence de toute entreprise, certaines personnes s'en tireraient moins bien que dans une entreprise modifiée excluant la personne dont la réclamation est en question. La réclamation faite par quelqu'un ne doit pas être si difficile à satisfaire qu'il soit avantageux pour les autres d'exclure cette personne de la table de négociation : on doit éviter d'écarter autrui et on doit aussi éviter d'être écarté ou de s'exclure. Bien que cela soit implicite dans l'idée d'avantage mutuel, l'attention exclusive portée aux accords entre deux personnes peut nous conduire à négliger toute l'étendue des contraintes qu'impose la réciprocité.

Les réclamations, même lorsqu'elles sont conciliables avec le bénéfice mutuel, seront en général incompatibles les unes avec les autres; chacun exigera le maximum qui soit compatible avec sa participation à une entreprise réciproquement avantageuse. Pour parvenir à un accord, les négociateurs doivent faire des concessions. Etant donné que personne ne souhaite rien concéder — toute concession signifiant l'acceptation d'un gain moindre — les négociateurs rationnels s'efforceront de minimiser leurs concessions. Ceci dit, l'ampleur d'une concession est établie non pas sur une échelle absolue d'utilité, mais plutôt en rapport avec une situation de marchandage particulière; la concession est une mesure de la *proportion* entre la part de sa réclamation que l'on abandonne et sa réclamation totale, soit le profit initialement réclamé calculé à partir des gains en position de base. Puisque les partenaires sont également et pleinement rationnels, la concession relative maximale — la plus grande proportion de sa réclamation initiale à laquelle un partenaire renonce — doit être minimisée. Puisque tous profitent de ce qu'on parvienne à un accord, il y a un ensemble de concessions qu'il est rationnel pour tous d'accepter, mais un ensemble particulier est rationnel pour tous seulement si toute autre éventualité exige une concession au moins aussi grande que la concession maximale dans l'ensemble donné.

En négociant, donc, les personnes rationnelles agiront suivant un principe de concession relative *minimax* : la concession la plus grande, ou concession maximale, doit être un minimum. Ce principe peut être formulé de manière équivalente comme un principe de *bénéfice relatif maximin*[13]. Nous pouvons identifier le bénéfice relatif qu'un individu retire d'un accord à la proportion entre le bénéfice qu'il réalise par rapport à ses gains en position de base et le bénéfice potentiel que représente sa réclamation. Le bénéfice relatif est donc la proportion du bénéfice potentiel que l'on reçoit en fait. Et nous pouvons maintenant relier la rationalité, telle qu'elle s'exprime dans la concession relative maximax, à l'équité ou à la justice, dont rend compte selon nous le bénéfice relatif maximin. Pour qu'un accord soit jugé équitable par ceux qui y prennent part, personne ne doit retirer un bénéfice relatif plus petit qu'il n'est nécessaire, c'est-à-dire plus petit que le bénéfice minimal relatif offert par ce résultat qui, en comparaison des autres résultats possibles, offre le bénéfice relatif minimum maximum. Etant donné que tous bénéficient de ce qu'on parvienne à un accord, il faut qu'un certain ensemble de bénéfices relatifs soit équitable, mais un ensemble n'est équitable que si tout autre ensemble est tel qu'il réserve à quelqu'un un bénéfice relatif qui n'excède pas le minimum dans l'ensemble donné. Le bénéfice relatif maximin garantit que personne ne verra son avantage sacrifié au profit de quelqu'un de mieux placé, relativement au contexte de l'accord.

Le principe de la concession relative minimax, ou bénéfice relatif maximin, est le seul qui soit acceptable par chacun des partenaires en situation de marchandage. En développant un contraste suggéré par T. M. Scanlon, nous pouvons nous demander si un principe est acceptable parce que n'importe quel individu « juge qu'il ne pourrait pas raisonnablement le rejeter quelle que puisse être la position qu'il occupe », ou s'il est acceptable parce que « ce serait le choix rationnel pour [n'importe quel individu] placé derrière le voile d'ignorance » ou tenu dans l'ignorance de la position qu'il occupera[14]. A notre avis, la seconde position, qui est bien entendu celle qu'adopte Rawls, ne permet pas d'établir l'impartialité que requiert la justice. L'impartialité exige l'acceptabilité dans chaque position plutôt que l'acceptabilité alors qu'on est tenu dans l'ignorance de sa position. Contrairement à la première position, la deuxième « ne prend pas au sérieux la distinction entre les personnes », pour retourner contre Rawls la critique qu'il adresse aux utilitaristes[15]. Il n'y a aucune raison de supposer qu'un principe qui serait acceptable pour n'importe quelle personne hypothétiquement ignorante de toute donnée particulière serait acceptable pour chaque personne dans chaque situation possible susceptible d'être gouvernée par ce principe. Et il n'y a donc aucune raison de supposer qu'un tel principe serait vraiment impartial. Seule l'acceptabilité dans chacune des situations ou points de vue où le principe s'applique peut remplir l'exigence — à la fois rationnelle et morale — que nous faisons peser sur la justice. L'idée selon laquelle tous se mettent rationnellement d'accord sur un principe exigeant que la plus grande concession relative faite par quiconque soit minimisée, ou garantissant que le plus petit bénéfice relatif que reçoit chacun soit maximisé tient compte de l'exigence de l'acceptabilité dans tous les points de vue.

A cette étape, quelques exemples pourront être éclairants. Ceux-ci illustreront l'application du principe de concession relative minimax à des situations particulières ; ces exemples ne concernent pas l'accord sur le principe lui-même.

Supposons que pour profiter de rentrées d'argent qui augmentent selon une échelle linéaire, Isabelle et Abel décident de mettre en commun leurs capitaux destinés aux investissements. Isabelle a 600 $ à partir desquels elle pourrait espérer gagner 180 $, et Abel a 400 $ à partir desquels il pourrait espérer gagner 80 $. Ensemble, ils ont 1 000 $, à partir desquels ils peuvent espérer gagner 500 $. Bien évidemment, Isabelle voudra retirer au moins 180 $, puisque c'est la somme qu'elle pourrait gagner sans la coopération d'Abel. Elle réclame 420 $, soit le profit total (500 $) moins ce qu'Abel pourrait retirer sans elle (80 $). Abel, bien entendu, voudra retirer au moins 80 $ et il réclame 320 $ (500 $ moins la somme de 180 $ qu'Isabelle pourrait retirer sans lui). Si Isabelle retire x dollars de leur accord, alors sa concession sera la proportion entre la part de sa réclamation à laquelle elle renonce, ou 420 $ moins x, et sa réclamation complète calculée à partir de sa position de base, soit 420 $ moins 180.

Si Abel reçoit ainsi $(500 - x)$ dollars de leur accord, alors sa concession est la proportion entre 320 $ moins $(500 - x)$, et 320 $ moins 80 $. Il est évident que la concession maximale est minimisée quand leurs deux concessions sont égales ou, en d'autres termes, quand :

$$\frac{420\ \$ - x\ \$}{420\ \$ - 180\ \$} = \frac{320\ \$ - (500 - x)\ \$}{320\ \$ - 80\ \$}$$

En calculant la valeur de x, nous trouvons que $x = 300$ dollars ; Isabelle fait un profit de 300 dollars et Abel fait un profit de 200 dollars. C'est ce à quoi, bien entendu, nous devrions intuitivement nous attendre ; chacun reçoit la même proportion de son investissement. (Le lecteur astucieux aura remarqué que dans cet exemple nous avons tacitement tenu pour acquis que l'utilité pour chaque personne est en proportion directe de ses rentrées en argent. Si tel n'était pas le cas, la conclusion serait que chacun devrait gagner la même proportion de son investissement quand l'investissement et le bénéfice sont tous deux mesurés en termes d'utilité.)

Considérons un deuxième exemple. Adélaïde et Ernest envisagent aussi de mettre leurs ressources en commun dans une entreprise conjointe, sauf qu'ici aucun des deux ne peut réaliser de profits indépendamment de l'autre. De plus, les circonstances sont telles qu'Adélaïde peut réaliser un profit net de 500 $ si elle reçoit tous les profits issus de leur entreprise conjointe après déduction des frais encourus par Ernest. Ernest, cependant, peut ne recevoir qu'un bénéfice net de 50 $ s'il retire tout moins les frais d'Adélaïde. Supposons en outre que pour chaque dollar supplémentaire que gagne Ernest, Adélaïde doive perdre 10 $. Si, donc, Adélaïde reçoit x $ et Ernest y $, $x = 500 - 10y$.

Dans cet exemple, le gain de chacun en position de base est de 0 $; Adélaïde réclame 500 $ et Ernest 50 $. La concession d'Adélaïde, si elle reçoit x dollars, est $(500 - x)/500$, et la concession d'Ernest, s'il reçoit y, est $(50 - y)/50$. Une fois de plus, il est évident que la concession maximale est minimisée quand leurs deux concessions sont égales ou, substituant $(500 - 10y)$ à x, quand :

$$\frac{10y}{500} = \frac{50-y}{50}$$

En calculant la valeur de y, nous trouvons que $y = 25$ dollars. Ernest fait un profit de 25 \$ et ainsi Adélaïde fait un profit de 250 \$.

Supposons maintenant qu'Ernest se plaigne de ce qu'Adélaïde reçoive beaucoup plus que lui — 250 dollars au lieu de son maigre 25 dollars. Adélaïde répondra qu'Ernest concède bien moins qu'elle : 25 dollars au lieu de 250. Si Ernest prétend alors qu'il devrait faire un profit relatif plus important étant donné que son profit absolu est aussi petit en comparaison de celui d'Adélaïde, celle-ci pourra répliquer qu'il devrait faire une concession relative plus grande, étant donné que son montant en dollars est aussi petit en comparaison du sien. Si Adélaïde ajoute qu'Ernest devrait se préoccuper relativement peu de l'ampleur de ses concessions, Ernest répliquera qu'il se préoccupe également peu de parvenir à un accord. Sa mise plus petite réduit les pressions à qui l'inciteraient refuser une concession, mais elle réduit également les pressions qui le pousseraient à parvenir à un accord et, donc, à faire des concessions. La mise plus importante d'Adélaïde augmente les pressions qui l'inciteraient à parvenir à un accord, mais elle augmente également les pressions qui l'inciteraient à refuser de faire des concessions d'une ampleur comparable.

Le raisonnement qui est à la base de la concession relative minimax et de son jumeau, le bénéfice relatif maximin, n'exige l'introduction d'aucune mesure interpersonnelle de préférence. Bien plutôt, ce raisonnement fait intervenir une comparaison interpersonnelle de la proportion de sa mise reçue dans chacun des résultats possibles par chaque personne en situation de marchandage. Cependant, si nous voulions postuler une utilité interpersonnelle (ainsi que les exemples monétaires peuvent nous encourager à le faire) et si nous étions dès lors tentés de poser quelque principe exigeant un profit égal maximal ou, avec Rawls, un gain global maximin, alors nous devrions nous rappeler que l'approche que nous adoptons ici prescrit qu'un accord soit conclu au point où les pressions qui s'exercent en faveur d'une égalité des gains, tels que mesurés à partir de la position de base de chaque personne, sont contrebalancées par les pressions qui s'exercent en faveur d'une égalité des pertes, telles que mesurées à partir des réclamations de chacun. Le fait que la concession relative minimax soit seule acceptable, du moins dans les situations où un accord dépend seulement de la structure formelle de la situation et des gains correspondant aux résultats possibles, devient évident quand nous mettons en balance les profits par rapport à la non-coopération et les pertes par rapport au bénéfice potentiel.

V

Nous pouvons préciser davantage cette partie de notre argument en dérivant le principe de concession relative minimax d'un ensemble de conditions sur le marchandage rationnel. En vue de cette dérivation, nous poserons d'abord qu'un ensemble C de concessions est *faisable* relativement à la situation S si et seulement si il y a une correspondance biunivoque entre les personnes dans S et les membres de C telle que si chaque personne fait la concession qui lui correspond, un résultat possible de S est réalisé. Nous définirons ensuite l'*ampleur* d'une concession c relativement à un ensemble faisable C dont elle est membre. Soit un résultat réalisé par C ayant une utilité u pour la personne à qui c correspond : supposons que cette personne réclame une utilité u#, son utilité en position de base étant u*; l'ampleur de c est donc $[(u\# - u) / (u\# - u^*)]$. Il est facile de voir que ceci exprime ce que nous avons dit précédemment : l'ampleur d'une concession est la proportion entre cette partie de sa réclamation que l'on abandonne et le gain total possible calculé à partir de sa position de base. Nous pouvons remarquer que le bénéfice relatif correspondant au résultat réalisé par C pour cette personne est $[(u - u^*) / (u\# - u^*)]$, mais cela n'est pas nécessaire pour notre dérivation.

Nous définirons une concession *maximale* dans n'importe quel ensemble faisable C comme une concession dont l'ampleur est au moins aussi grande que celle de n'importe quel membre de C. Une concession *minimax* dans n'importe quelle situation S est alors une concession maximale dans l'ensemble auquel elle appartient et dont l'ampleur n'est pas plus grande qu'une concession maximale dans chaque ensemble faisable dans S. Pour toute situation S, donc, chaque ensemble faisable de concessions dans S doit avoir un membre dont l'ampleur est au moins aussi grande que celle de la concession minimax dans S.

Les conditions d'un marchandage rationnel sont alors les suivantes :
1. Chaque personne A doit réclamer un résultat qui lui offre l'utilité espérée maximum, tout en n'offrant à personne une utilité espérée moindre que celle offerte en l'absence d'un accord auquel A prend part.
2. Etant donné les réclamations qui satisfont la condition 1, chaque personne doit supposer qu'il y a un ensemble faisable de concessions tel que

toute personne rationnelle est prête à le considérer favorablement (*to entertain it*), c'est-à-dire tel que toute personne rationnelle est prête à faire la concession exigée d'elle pourvu que les autres fassent les concessions exigées d'elles.

3. Chaque personne doit être prête à considérer favorablement une concession comme faisant partie d'un ensemble faisable de concessions si l'ampleur de cette concession n'est pas plus grande que celle de la plus grande concession que cette personne juge acceptable pour une personne rationnelle.

4. Personne n'est prêt à considérer favorablement une concession si elle n'est pas requise par les clauses 2 et 3.

Nous justifions la condition 1 en faisant appel au souci qu'a chaque personne d'être partie prenante d'un accord tout en cherchant à maximiser néanmoins son utilité. Nous justifions la condition 2 en faisant appel au caractère mutuellement avantageux de la coopération, et donc d'un accord portant sur un résultat qui ne peut se réaliser que si tous font les concessions exigées d'eux par un ensemble faisable. Il ne suffit pas que chaque personne soit prête à faire une concession exigée par un quelconque ensemble faisable, car cela ne garantirait pas que tous soient prêts à accepter le *même* ensemble faisable.

Nous justifions la condition 3 par un appel à l'*égale* rationalité de tous les partenaires. Etant donné que chaque personne veut minimiser les concessions qu'elle fait, je ne peux pas supposer qu'il serait rationnel pour vous de considérer favorablement une concession alors que moi-même je ne considère pas favorablement une concession d'égale ampleur. Et la condition 4 est justifiée lorsqu'on a remarqué que des personnes rationnelles refuseront de faire des concessions sauf dans les cas où celles-ci sont nécessaires pour réaliser un certain bénéfice.

Par la condition 2 chaque personne doit supposer qu'il y a un ensemble faisable de concessions que toute personne rationnelle est prête à considérer favorablement. Mais tout ensemble faisable de concessions contient une concession d'une ampleur au moins aussi grande que celle de la concession minimax. Par conséquent, chaque personne doit supposer qu'il y a un ensemble de concessions que toute personne rationnelle est prête à considérer favorablement et qui exige de quelqu'un qu'il considère favorablement une concession au moins aussi grande que la concession minimax. Ainsi, chaque personne doit supposer que quelque personne rationnelle est prête à considérer favorablement une concession au moins aussi grande que la concession minimax. Alors, par la condition

3, chaque personne doit être prête à considérer favorablement une concession au moins aussi grande que la concession minimax.

Dans toute situation il y a un ensemble faisable de concessions qui ne contient aucun membre d'une ampleur plus grande que la concession minimax. La condition 2 ne peut donc exiger de quiconque la supposition qu'il y a un ensemble faisable de concessions que toute personne est prête à considérer favorablement et qui contient une concession plus grande en ampleur que la concession minimax. Ainsi, la condition 3 ne requiert de quiconque qu'il soit prêt à considérer favorablement une concession plus grande en ampleur que la concession minimax. Il s'ensuit, par la condition 4, que personne n'est prêt à considérer favorablement une concession plus grande en ampleur que la concession minimax. Et ainsi chaque personne doit être prête à considérer favorablement, parmi les ensembles faisables de concessions, ceux et seulement ceux dans lesquels il y a des concessions d'une ampleur aussi grande que la concession minimax, mais pas plus grande. Mais c'est là le principe de la concession relative minimax. Notre dérivation est achevée.

VI

Plusieurs problèmes demeurent. D'abord, j'ai laissé de côté la question de savoir quelles contraintes, si tant est qu'il y en ait, doivent être imposées lorsqu'on détermine la position de base d'un accord rationnel sur les principes de justice. La position de base doit-elle simplement être identifiée au résultat réalisé lorsque chacun cherche à maximiser son utilité en l'absence d'un accord? Deuxièmement, je n'ai pas examiné le problème de la conformité (*compliance*) aux décisions auxquelles on parvient en suivant le principe de la concession relative minimax. Du point de vue d'un individu particulier, les actions exigées de lui en vertu d'un schème de coopération axé sur la réalisation du bénéfice relatif maximin ne sont pas forcément celles que préconise la maximisation de l'utilité attendue. Pourquoi devrait-il donc se conformer aux exigences de ce schème? Pour faire ce que nous avons considéré comme collectivement rationnel, les individus pourraient bien se voir forcés de renoncer à ce que nous avons accepté comme individuellement rationnel. Troisièmement, enfin, je n'ai pas déterminé la portée des principes de justice. Je n'ai pas examiné quels types de problèmes sont susceptibles d'être résolus grâce à la concession relative minimax. Je ne puis qu'ébaucher ici une approche de ces questions difficiles.

Les deux premiers problèmes sont liés. Les motifs pour se conformer aux principes de justice sont reliés à la sélection de la position de base à partir de laquelle la concession, ou le bénéfice relatif, est calculé. En première approximation, la position de base peut être associée au gain que chaque personne peut s'attendre à réaliser en l'absence de coopération. La société serait alors vue comme une entreprise profitable à chacun, non pas en comparaison de l'absence d'interaction, mais en comparaison de l'absence d'interaction coopérative. Mais une telle entreprise sera-t-elle la bienvenue auprès de chaque participant ? Supposons qu'il y ait des personnes qui préfèrent la coopération à la non-coopération, mais qui préfèrent aussi l'absence d'interaction à l'absence de coopération et peut-être même à la coopération. De leur point de vue, la société est une entreprise dans laquelle on s'engage d'abord et avant tout pour réduire les coûts imposés par l'interaction de type non coopératif qui règne dans l'état de nature. Mais le fait que ces personnes soient prêtes à participer à une telle entreprise, et à accepter une répartition particulière des bénéfices qui en résultent, peut dépendre de quelque facteur qui les force à être partie prenante dans les interactions désavantageuses qui règnent à l'état de nature. Elles peuvent insister sur le fait qu'elles n'ont aucune raison de participer *volontairement* à la coopération sociale à moins que celle-ci ne leur offre des bénéfices qui puissent être rapportés à ceux que leur ferait réaliser un accord conclu ou bien à partir de la position de base caractérisée par l'*absence* d'interaction, ou bien à partir d'une position de base déterminée par une interaction non-coopérative qu'ils considèrent comme avantageuse par rapport à l'absence d'interaction. Bien que nous ne puissions établir ici ce point, nous soutiendrons que la conformité volontaire aux termes de la coopération — et donc la conformité aux principes de justice ou du choix social — est en général rationnelle seulement si la position de base n'est pas elle-même considérée comme désavantageuse par rapport à l'absence d'interaction. Et cela revient en fait à dire que l'état de nature, en tant qu'il détermine la position de base de l'accord social, doit être conçu à la manière de Locke plutôt qu'à la manière de Hobbes.

Un exemple pourra illustrer le raisonnement à l'œuvre ici. Considérons la situation actuelle en Afrique du Sud. Nous pouvons supposer que l'interaction entre Noirs et Blancs est en grande partie non coopérative et imposée par le pouvoir des Blancs. Supposons qu'un défenseur sophistiqué du système sud-africain fasse valoir que tous, les Noirs aussi bien que les Blancs, pourraient tirer profit de ce que l'appareil de répression qu'exige le maintien du système de l'apartheid actuel soit démantelé et remplacé par une authentique coopération interraciale. Bien entendu, notre défenseur insisterait là-dessus, la répartition actuelle des biens et des services doit servir de position de base : chaque personne recevra ce qu'elle a maintenant plus les avantages coopératifs résultant du démantèlement de l'appareil de répression.

Il est peu probable que les Noirs d'Afrique du Sud considèrent sérieusement une telle proposition. Si l'actuel cadre d'interaction coercitif était démantelé, ils ne trouveraient pas rationnel de maintenir volontairement un système qui repose sur la répartition des profits et des coûts établie par l'apartheid. Ils ne donneraient pas leur accord à une entreprise de coopération qui prend pour position de base l'état actuel de non-coopération.

Un deuxième exemple nous est suggéré par l'avènement et la suppression du syndicat Solidarité en Pologne. Lorsque l'appareil de répression qui maintenait au pouvoir la minorité communiste s'est relâché, il est devenu évident que les membres de Solidarité n'étaient pas prêts à accepter la répartition existante du pouvoir comme position de base de la coopération sociale à venir. La loi martiale a bientôt mis fin à l'innovation radicale que représentaient des travailleurs libres dans un Etat de travailleurs.

L'introduction d'un état de nature à la manière de Locke moralise la position de base de la coopération sociale. Des facteurs moraux interviennent donc dans la dérivation des principes de justice. Mais il faut bien remarquer la manière dont ils interviennent. Seules sont introduites les considérations morales nécessaires pour garantir la conformité rationnelle aux principes de justice. En effet, les principes de justice ont une force morale; ils exigent de chaque personne qu'elle s'abstienne de chercher sa plus grande utilité espérée lorsque cela va à l'encontre des décisions basées sur ces principes. Pour que cela soit rationnel, un facteur moral supplémentaire doit être introduit, soit l'exigence que la détermination de la position de base ne tienne pour acquise aucune interaction dans laquelle quelqu'un réalise des bénéfices aux dépens d'autrui. Mais ce facteur moral est introduit seulement pour assurer la rationalité de la conformité aux principes de justice. C'est dire que, tout comme les principes eux-mêmes, ce facteur est en dernière instance dérivé de considérations purement rationnelles. Il n'est pas introduit dans notre argument en tant qu'élément moral indépendant à la manière dont Rawls introduit la conception de personne morale ou à la manière dont Nozick introduit le droit naturel. Il ne s'agit pas d'une contrainte *a priori* sur ce que chaque personne peut faire, et qui ne serait pas motivée par l'idée d'une entreprise coopérative en vue de l'avantage mutuel[16].

Je n'ai pas démontré que, pour être rationnelle, la conformité aux principes de justice exige que la position de base de l'accord soit soumise à la contrainte de Locke. Je n'ai pas démontré que la conformité, dans la mesure où elle supplante la maximisation de l'utilité espérée individuelle, soit *toujours* rationnelle. Et ainsi je n'ai pas montré qu'il est rationnel d'être juste. Cette question fait l'objet de mon deuxième article.

VII

Quelle est la *portée* du choix social ? En concevant la société comme une entreprise coopérative en vue de l'avantage mutuel, nous limitons d'emblée le choix *social*, et donc les principes de justice, aux contextes dans lesquels chaque personne renonce rationnellement au choix *individuel* basé sur les principes de maximisation de l'utilité espérée. Chacun doit s'attendre à bénéficier de la coopération. La pure redistribution — redistribution effectuée à partir de la position de base établie dans un état de nature lockéen — ne peut faire l'objet des préoccupations sociales rationnelles, et elle ne peut être justifiée par un appel aux principes rationnels de justice ou du choix social. La pure redistribution doit être un effet de la charité privée, non de la justice publique.

Deux buts primordiaux fournissent aux personnes une raison de donner leur accord aux principes du choix social et de s'y conformer : assurer la protection et accroître la production [17]. La *protection* doit être comprise non pas tant en termes de menaces extérieures qu'intérieures : la société protège chacun de ses membres contre la force et la fraude qui caractérisent l'interaction dans un état de nature à la Hobbes. En effet, le rôle protecteur de la société est de garantir un cadre d'interaction à la manière de Locke. Mais offrir cette garantie ne signifie pas qu'il y ait, à strictement parler, des solutions de rechange parmi lesquelles la société choisirait, ou des biens dont la répartition soulèverait un problème de choix social. La justice exige que soit maintenue une position de base équitable pour chaque individu. Dans la mesure où il y a des façons d'y parvenir qui diffèrent de manière significative selon les individus protégés, nous devons supposer qu'en offrant cette protection la société fournit aussi de nouveaux biens dont la répartition soulève un véritable problème de choix social. Mais alors cette nouvelle répartition ne fait pas elle-même partie de la stricte assurance de protection et elle doit plutôt être jugée suivant les standards appropriés pour la production. Le rôle protecteur de la société peut être mieux conçu comme la garantie des *droits*.

Les biens de *production* se répartissent le long d'un continuum dont les points terminaux sont les catégories familières qu'a distinguées l'économiste : les biens privés et les biens publics. Lorsque la protection est assurée, et qu'ainsi la force et la fraude sont éliminées des interactions sociales, alors les biens purement privés sont efficacement produits grâce à l'action d'une main invisible poussant chacun à chercher son profit personnel ou, en d'autres mots, grâce à des interactions où chacun cherche à maximiser son utilité espérée. Mais il n'y a pas de place pour le choix social quand il s'agit de déterminer la production et/ou la répartition de ces biens. Etant donné l'efficacité du marché qui ne tolère ou n'exige que des décisions individuelles, il n'est pas possible que chacun puisse juger profitable une situation où la décision sociale aurait supplanté la décision individuelle. Le marché garantit l'avantage mutuel — c'est-à-dire une situation Pareto-optimale — sans qu'il soit besoin de coopération, et il le fait d'une manière qui, ne dépendant que des choix volontaires des individus, transmet au résultat final les caractéristiques morales qui régnaient au départ. Si la position de base de chaque individu satisfait aux contraintes de Locke, alors aucun problème de justice ne surgira au sujet de l'interaction de marché efficace.

Les biens publics, cependant, soulèvent des questions différentes. Si chaque personne agit privément afin de maximiser son utilité espérée, alors la prolifération possible des resquilleurs et des parasites conduira de manière caractéristique à la sous-production des biens publics et à la surproduction de maux publics. Il y aura trop peu de phares et trop de pollution de l'air. Un nouveau rôle incombe alors au choix social et c'est ici que les principes de la justice entrent en jeu. Pour décider comment les biens publics seront produits et répartis en quantités excédant ce que les individus fournissent volontairement lorsqu'en l'absence d'accords de coopération chacun maximise son utilité espérée, nous devons faire appel au principe de la concession relative minimax.

Dans un livre récent, Andrew Levine s'attaque à la cohérence de la démocratie libérale et base une partie de son argumentation sur la thèse selon laquelle le libéralisme restreint la portée du choix démocratique[18]. Mais bien entendu, l'idée qui est au cœur de la démocratie libérale est d'assortir l'exigence selon laquelle le choix social doit refléter également les préoccupations et les intérêts de chaque personne d'une délimitation claire de la sphère appropriée pour un tel choix. Cette délimitation s'effectue par un recours à l'idée de liberté individuelle. Nous la précisons davantage en remplaçant l'idée de liberté par celle d'acceptation volontaire *ex ante* du choix social, plutôt que du choix individuel. La liberté individuelle demeure garantie puisque la portée du choix social est déterminée sur la base de ce qu'un individu estimerait rationnellement être une amélioration de l'état de nature à la manière de Locke. Nous avons soutenu qu'un individu — n'importe quel individu — accepterait rationnellement l'approvisionnement social des biens publics sur la base de la concession relative minimax ou du bénéfice relatif maximin, mais qu'il rejetterait l'approvisionnement social de biens purement privés. Au XIXe siècle, les rouages de la démocratie libérale se sont complètement enrayés parce qu'on n'a pas su reconnaître de plein droit le rôle de la société dans l'approvisionnement et la répartition des biens publics. Cette erreur continue d'infecter la théorie libertaire. Au XXe siècle le problème vient d'une incapacité croissante à reconnaître de plein droit le rôle du marché dans l'approvisionnement des biens privés, et cette erreur infecte les théories socialistes et les théories de l'Etat-providence. Mais le projet de la démocratie libérale consiste essentiellement à incarner sur le plan politique la conception d'une société comme entreprise de coopération en vue de l'avantage mutuel, conception qui est elle-même la clé pour comprendre la théorie de la justice en tant que partie de la théorie du choix rationnel. Il ne nous reste plus qu'à trouver un cri de ralliement plus exaltant que : «A chacun ce qu'il faut pour que la proportion minimale du bénéfice potentiel soit maximisée.»

NOTES

[1] John Rawls, *A Theory of Justice*, 1971, pp. 11-12 [1987, p. 38].
Nous avons ajouté entre crochets les références à l'édition française (1987) de Rawls (1971). Nous rappelons cependant au lecteur que le texte de cette édition a été remanée par Rawls et qu'il présente de nombreuses variantes par rapport à l'édition américaine à laquelle se réfère ici Gauthier. Ceci affecte en particulier le contenu des notes 9 et 15 ci-dessous (NdT).
[2] Rawls (1971), pp. 16-18 [1987, pp. 43-45].
[3] Arrow (1951), (1967).
[4] Voir Amartya K. Sen (1970), en particulier pp. 74-77, pour une discussion de quelques-uns des enjeux de la détermination d'un ensemble de choix.
[5] Voir Harsanyi (1955) et (1977), chap. IV.
[6] Rawls (1971), p. 4 [1987, p. 30].
[7] Rawls (1971), p. 139 [1987, p. 176].
[8] Rawls (1980), p. 521.
[9] Rawls (1971), pp. 83, 152-153 [1987, pp. 114, 184-185].

[10] Harsanyi (1977), pp. 11-13.
[11] Roth *et al.*, pp. 174-177.
[12] Les principales versions antérieures se trouvent dans Gauthier (1974c), pp. 55-58, et (1978c), pp. 54-30. On trouvera un exposé informel dans (1978a), pp. 19-22. Un exposé bref mais plus formel se trouve dans (1978c), pp. 92-93. Cette approche est appliquée de manière critique dans des discussions sur Rawls, Arrow et Harsanyi, respectivement dans Gauthier (1974b), (1978d) et (1978b).
[13] J'ai aussi parlé de l'avantage relatif maximim et de l'utilité relative maximin dans des exposés antérieurs : laissez-moi opter pour le bénéfice relatif. L'argumentation développée dans (1974c), pp. 56-57, et (1978e), p. 58, pour passer du bénéfice relatif maximin au bénéfice relatif maximim égal est fallacieuse; voir Roth (1979), pp. 105-107.
[14] Scanlon (1982).
[15] Rawls (1971), p. 27.
[16] Voir Rawls (1980), en particulier p. 520, et Robert Nozick (1974), en particulier le chapitre II.
[17] La distinction producteur/protecteur de la société est empruntée à James N. Buchanan (1975), pp. 68-70.
[18] Andrew Levine (1981). Voir par exemple p. 152 : «Le projet démocratique libéral n'est réalisable qu'à un coût énorme, coût certainement impossible à payer pour un démocrate, soit l'abandon de la substance de la composante démocratique».

Est-il rationnel d'être juste?*

I

La personne juste est disposée à se conformer aux exigences du principe de la concession relative minimax lorsqu'elle interagit avec ceux de ses semblables qu'elle croit disposés à faire de même. La personne juste est apte à la vie en société parce qu'elle a intériorisé l'idée de bénéfice réciproque, de sorte qu'en choisissant sa ligne de conduite elle considère d'abord la possibilité de réaliser un résultat coopératif. Si elle est capable de réaliser, ou peut raisonnablement espérer achever, un résultat qui soit à la fois (quasi) équitable et (quasi) optimal, elle choisit alors de le faire; c'est seulement lorsqu'elle ne peut raisonnablement s'attendre à y parvenir qu'elle choisit de maximiser sa propre utilité. Une personne juste accepte donc cette condition de l'interaction rationnelle : le choix de chaque personne doit être une réponse optimisante et équitable au choix des autres tel qu'elle l'anticipe pourvu qu'une telle réponse lui soit accessible; autrement, son choix doit être une réponse dictée par la maximisation de l'utilité espérée[1]. Elle doit cependant se rendre compte que ce ne sont pas toutes les personnes (autrement) rationnelles qui acceptent

---

* Cet article est extrait et adapté de Gauthier (1986), chap. VI.

cette condition. En anticipant les choix des autres, elle doit considérer que leurs choix pourraient bien être dans tous les cas dictés par la maximisation directe de l'utilité espérée.

Notre tâche dans cet article est de fournir des raisons d'être juste. Nous le ferons en démontrant qu'étant donné certaines conditions plausibles et désirables, une personne rationnelle cherchant à maximiser son utilité et obligée de choisir entre n'accepter aucune contrainte sur ses choix au cours d'une interaction et accepter les contraintes que fait peser sur ses choix la concession relative minimax, choisit le dernier terme de cette alternative. Elle fait un choix sur la manière de faire de nouveaux choix ; elle choisit, sur la base de la maximisation de l'utilité, de ne pas faire de nouveaux choix sur cette base.

En nous faisant le défenseur de la conformité aux exigences de la justice, nous défendons la conformité aux accords basés, explicitement ou implicitement, sur le principe de la concession relative minimax. Bien sûr, nous défendons la conformité non seulement aux accords, mais aussi aux pratiques qu'on adoptera ou qu'on endossera sur la base de ce principe. Si notre défense échoue, alors nous devrons conclure que le marchandage rationnel est vain et que la coopération, bien qu'elle repose sur une base rationnellement acceptée, n'est pas elle-même rationnellement requise, de sorte qu'elle ne nous permet pas de pallier les défaillances de l'interaction naturelle et de l'interaction de marché. Si notre défense échoue, nous devrons certainement conclure qu'une moralité rationnelle est une chimère et que par conséquent aucune contrainte rationnelle et impartiale ne limite la poursuite de l'utilité individuelle.

En défendant la conformité aux exigences de la justice, nous soutenons, contre les objections de l'égoïste, la rationalité de la coopération. Quoi qu'il puisse faire par ailleurs, l'égoïste cherche toujours à maximiser son utilité espérée. Tout en reconnaissant que la coopération ouvre la perspective d'un bénéfice réciproque, il nie néanmoins qu'il est rationnel de se comporter de manière coopérative lorsque cela fait peser des restrictions sur la maximisation. L'égoïste fait ses débuts philosophiques dans le *Leviathan* de Thomas Hobbes. Il y joue le rôle du Fou, qui «a dit dans son cœur qu'il n'existait rien de tel que la Justice (...) alléguant sérieusement que la conservation de tout homme et sa satisfaction dépendant de ses seuls soins, il ne saurait y avoir de raison pour laquelle un homme s'abstiendrait de faire ce qu'il estime devoir les assurer, et que par conséquent, conclure ou ne pas conclure des Conventions, les respecter ou ne pas les respecter, n'est pas à l'encontre de la Raison si cela sert ses intérêts »[2].

Dans l'état de nature, chacun cherche à maximiser sa propre utilité. Et c'est ainsi que dans certains cas le résultat n'est pas optimal. Cela fournit une base pour la société, considérée, pour parler comme Rawls, comme « une tentative de coopération en vue de l'avantage mutuel »[3]. Supposons qu'une entreprise de coopération consiste à mettre au point un choix conjoint sans requérir de chacun que sa stratégie maximise son utilité étant donnée la présence d'autrui. Et supposons que l'avantage mutuel corresponde à une utilité plus grande pour chaque personne que celle qu'elle pourrait espérer en d'autres circonstances : plus grande, donc, que ce qu'elle pourrait espérer si chacun maximisait son utilité étant donnés les choix d'autrui.

Le Fou dit alors : « Donnez votre accord à une entreprise de coopération, mais seulement si vous vous attendez à ce que l'accord vous rapporte. » C'est un conseil judicieux. Mais le Fou continue : « Et adhérez à une entreprise de coopération, mais seulement si vous vous attendez à ce que cette adhésion vous rapporte. » Ceci n'est pas un conseil judicieux. En effet, le Fou vous conseille d'adhérer à une entreprise de coopération seulement s'il s'avère que cela maximise l'utilité. Mais alors personne ne fera mieux que si chacun maximisait son utilité étant donné les choix d'autrui. L'entreprise n'est pas une amélioration par rapport à l'état de nature.

Le Fou, comme ceux qui partagent sa conception de la raison pratique, doit supposer qu'il y a des coopérations potentielles auxquelles chacun donnerait rationnellement son accord s'il s'attendait à ce que l'accord soit mis à exécution mais qui demeurent non réalisées, puisque chacun s'attend rationnellement à ce que quelqu'un, peut-être soi-même, peut-être quelqu'un d'autre, refuse d'adhérer à l'accord. J'ai avancé dans mon premier article que la coopération est rationnelle si elle est gouvernée par le principe de concession relative minimax. Le Fou ne nie pas que cette condition soit nécessaire mais il nie qu'elle soit suffisante. Il prétend que pour qu'il soit rationnel de se conformer à un accord de coopération, l'utilité qu'un individu peut espérer retirer de la coopération ne doit pas être moindre que celle qu'il espérerait retirer s'il violait l'accord. Et il soutient alors que pour qu'il soit rationnel d'acquiescer à la coopération, on n'a pas besoin de croire qu'il est rationnel de s'y conformer soi-même, bien qu'on doive croire qu'il est rationnel pour les autres de s'y conformer. Etant donné que chacun est rationnel, pleinement informé et entretient des attentes correctes, le Fou suppose que la coopération n'advient que lorsque chaque personne en attend une utilité au moins aussi grande que l'utilité retirée de la non-adhésion. Les bénéfices réalisables grâce à des arrangements coopératifs qui n'offrent pas à chaque personne au moins autant d'utilité que la non-adhésion resteraient à jamais au-delà de la portée d'êtres humains rationnels : ils nous seraient à jamais refusés parce que notre rationalité même nous conduit à violer les accords nécessaires pour réaliser ces profits. De tels accords ne seraient pas conclus.

Le Fou rejette ce qui semble être l'opinion commune selon laquelle, à moins de circonstances imprévues ou d'une présentation trompeuse des termes de l'accord, il est rationnel de se conformer à celui-ci s'il est rationnel de le conclure. Il soutient que les tenants de cette opinion n'ont pas su apercevoir toutes les conséquences d'une conception maximisante de la rationalité pratique. En effectuant un choix, on considère sa position actuelle et on examine quelle utilité espérée résulte de chaque action possible. Ce qui s'est passé auparavant peut affecter cette utilité; le fait que quelqu'un ait donné son accord peut affecter l'utilité qu'il s'attend à retirer en faisant ou en ne faisant pas ce qui respecte l'accord. Mais ce qui s'est passé ne fournit, en soi, aucune raison d'effectuer un choix. Le fait que quelqu'un ait eu une raison de conclure un accord ne peut constituer une raison de respecter cet accord que dans la mesure où il affecte l'utilité qu'il y a à s'y conformer. Penser autrement, c'est rejeter la maximisation de l'utilité.

II

Amorçons notre réponse au Fou en faisant appel à la distinction entre une stratégie individuelle et une stratégie conjointe[4]. Une stratégie individuelle est une loterie dont les lots sont les actions possibles d'un acteur unique. Une stratégie conjointe est une loterie dont les lots sont des résultats possibles. Ceux qui coopèrent ont à leur disposition des stratégies conjointes.

Nous pouvons concevoir la participation à une activité de coopération, par exemple une chasse où chacun des chasseurs joue un rôle particulier coordonné avec ceux des autres, comme l'implantation d'une stratégie conjointe unique. Nous pouvons aussi élargir cette conception de manière à y inclure la participation à une pratique, comme faire des promesses et les tenir, où le comportement de chacun se fonde sur la conformité des autres à cette pratique.

Un individu n'est pas capable de garantir qu'il agit selon une stratégie conjointe puisque cela dépend non seulement de ses intentions, mais aussi des intentions de ceux avec qui il interagit. Mais nous pouvons dire qu'un individu fonde son action sur une stratégie conjointe dans la mesure où il choisit intentionnellement ce que cette stratégie exige de lui. Bien entendu, en cas normal, on ne base son action sur une stratégie conjointe que si l'on s'attend à ce que ceux avec qui l'on interagit fassent de même, de sorte que l'on s'attend en fait à agir selon cette stratégie. Mais nous n'avons pas besoin d'inclure une telle attente dans notre conception de ce que c'est que de baser son action sur une stratégie conjointe.

Une personne coopère avec ses semblables seulement si elle base ses actions sur une stratégie conjointe : donner son accord à la coopération, c'est donner son accord à l'emploi d'une stratégie conjointe plutôt qu'individuelle. Le Fou affirme qu'il est rationnel de coopérer seulement si l'utilité que l'on espère retirer en agissant selon une stratégie conjointe de coopération est au moins égale à celle que l'on espère retirer si l'on décide d'agir plutôt selon sa meilleure stratégie individuelle. Cela va à l'encontre de l'idée de coopération, qui veut en effet substituer une stratégie conjointe aux stratégies individuelles dans les situations où cette substitution profite à tous.

Une stratégie conjointe n'est pleinement rationnelle que si elle mène à un résultat optimal ou, en d'autres termes, seulement si elle offre à chacune des personnes qui agissent conformément à cette stratégie l'utilité maximale compatible dans cette situation avec l'utilité offerte à chacune des autres personnes qui agissent selon cette stratégie. Ainsi, nous pouvons dire qu'une personne qui agit selon une stratégie conjointe rationnelle maximise son utilité *en autant que* le permet l'utilité offerte par cette stratégie à chacune des autres personnes. Une stratégie individuelle est rationnelle si, et seulement si, elle maximise l'utilité de quelqu'un étant donné les *stratégies* adoptées par les autres personnes ; une stratégie conjointe est rationnelle seulement si (et non pas si et seulement si) elle maximise l'utilité de quelqu'un étant donné les *utilités* qu'elle offre aux autres personnes.

Disons qu'un «maximisateur» *direct* est quelqu'un qui cherche à maximiser son utilité étant donné les stratégies de ceux avec qui il interagit. Un maximisateur *restreint*, d'autre part, est quelqu'un qui cherche dans certaines situations à maximiser son utilité étant donné non pas les stratégies de ceux avec qui il interagit, mais leurs utilités. Le Fou accepte la rationalité de la maximisation directe. En défendant la conformité aux exigences la justice, nous devons accepter la rationalité de la maximisation restreinte.

Un maximisateur restreint a une disposition conditionnelle à baser ses actions sur une stratégie conjointe sans se demander si quelque stratégie individuelle ne lui offrirait pas une plus grande utilité espérée. Mais ce ne sont pas toutes les restrictions qui peuvent être rationnelles; nous devons spécifier les caractéristiques de la disposition conditionnelle. Nous identifierons donc un maximisateur restreint comme quelqu'un (i) qui est conditionnellement disposé à baser son action sur une stratégie ou une pratique conjointe quand l'utilité qu'il espère retirer lorsque tout le monde fait de même (a) n'est pas moindre que ce qu'il espérerait si tout le monde employait des stratégies individuelles et, (b) s'approche de ce qu'il espérerait retirer d'un résultat coopératif déterminé par la concession relative minimax, et (ii) qui agit en fait suivant cette disposition conditionnelle pour peu que son utilité espérée soit plus grande que celle qu'il espérerait si tout le monde employait des stratégies individuelles. En d'autres termes, un maximisateur restreint est prêt à coopérer selon des voies qui, si elles étaient suivies par tous, mèneraient à des résultats qu'il trouverait profitables sans être inéquitables, et il coopère en fait pour peu qu'il s'attende à ce qu'une pratique ou une activité existante soit profitable. En jugeant de ce dernier point, il doit prendre en compte la possibilité que certaines personnes échouent à agir de façon coopérative ou s'y refusent. Dorénavant, à moins de spécification contraire, nous entendrons par maximisateur restreint un maximisateur qui a cette disposition particulière.

Il convient de signaler trois aspects de notre caractérisation de la maximisation restreinte. Le premier est que le maximisateur restreint est conditionnellement disposé à agir non seulement selon l'unique stratégie conjointe prescrite par un marchandage rationnel, mais selon toute stratégie conjointe lui offrant une utilité presque aussi grande que celle qu'il espérerait retirer d'une coopération pleinement rationnelle. L'éventail des stratégies conjointes acceptables n'est pas spécifié, et il ne doit pas l'être. C'est que dans des interaction réelles, il est raisonnable d'accepter des arrangements de coopération qui restent en deçà de l'idéal de pleine rationalité et d'équité pourvu qu'ils ne s'en éloignent pas trop. A un moment donné, bien sûr, on décide de négliger une stratégie conjointe, même lorsqu'elle offre une utilité espérée plus grande que celle qu'on pourrait escompter si tout le monde employait une stratégie individuelle : quelqu'un prend une telle décision parce qu'il espère s'entendre sur une autre stratégie conjointe ou y prendre part, stratégie qui, étant plus équitable, lui sera de ce fait plus favorable. A quel moment précis prend-on une telle décision? Nous ne tenterons pas de le dire. Nous défendons simplement une conception de la maximisation restreinte qui n'exige pas que toutes les stratégies conjointes acceptables soient idéales.

Le second aspect est qu'il n'est pas vrai qu'un maximisateur restreint base son action sur une stratégie conjointe à chaque fois que, pourvu que chacun fasse de même, cette stratégie conduit à un résultat quasi équitable et optimal. Sa disposition à coopérer a pour condition la perspective d'un bénéfice par rapport à l'utilité qu'il pourrait escompter si personne ne coopérait. Il doit donc soupeser les chances que les autres individus susceptibles de s'engager dans la pratique ou l'interaction éventuelle agissent de manière coopérative et calculer non pas l'utilité qu'il pourrait escompter si tous coopéraient mais celle qu'il peut espérer s'il coopère, étant donné le degré auquel, pense-t-il, les autres coopéreront. Ce n'est que si ses espérances excèdent ce qu'il pourrait espérer retirer d'une non-coopération universelle que sa disposition conditionnelle à se plier aux contraintes l'amènera en fait à décider de baser son action sur une stratégie conjointe de coopération.

Par conséquent, s'il est confronté avec des personnes qu'il croit être des maximisateurs directs, un maximisateur restreint ne fera pas leur jeu en basant ses actions sur une stratégie conjointe qu'il souhaiterait que tous acceptent, mais plutôt, pour éviter d'être exploité, il se comportera désormais en maximisateur direct, agissant selon la stratégie individuelle qui maximise son utilité étant donné les stratégies qu'il s'attend à voir employées par les autres. Un maximisateur restreint s'assure, à un degré raisonnable, qu'il est parmi des personnes semblablement disposées avant de restreindre effectivement sa poursuite directe de l'utilité maximale.

Mais il faut remarquer qu'un maximisateur restreint peut être amené à agir de manière telle qu'il aurait mieux valu pour lui qu'en fait il ne participe pas à la coopération. Il peut être engagé dans une activité de coopération qu'il prévoit équitable et profitable, étant donné la volonté de ses semblables de faire leur part, mais qui, la chance tournant, exige finalement de lui des actions qui lui occasionnent une perte plus grande que celle qu'il aurait subie s'il ne s'était pas engagé dans un tel effort. Il demeurera disposé à se conformer en agissant d'une manière qui lui occasionne des inconvénients réels parce que, étant donné ses croyances *ex ante* sur les dispositions de ses semblables et les perspectives de bénéfices, la participation à cette activité lui procure une utilité espérée plus grande que la non-participation.

Et ceci nous mène au troisième point, à savoir que la maximisation restreinte n'est pas une maximisation directe qui aurait revêtu son plus habile déguisement. Le maximisateur restreint n'est pas simplement une personne qui, voyant plus loin que ses semblables, sert ses intérêts globaux en sacrifiant les bénéfices immédiats que lui rapporteraient le refus des stratégies conjointes et la violation des accords de coopération et qui vise ainsi le bénéfice à long terme de la confiance des autres[5]. Une telle personne ne s'impose aucune véritable restriction. Le maximisateur restreint ne raisonne pas plus efficacement que le maximisateur direct sur la manière de maximiser son utilité : il raisonne différemment. Cela apparaît clairement lorsqu'on considère la manière dont chacun prend la décision de baser ou non son action sur une stratégie conjointe. Le maximisateur restreint se demande (i) si, lorsque tout le monde adopte une stratégie conjointe, le résultat est quasi équitable et optimal, et (ii) si le résultat qu'il peut escompter, de manière réaliste, au cas où il adopterait une stratégie conjointe, lui procure une utilité plus grande que l'absence universelle de coopération. Si la réponse à ces deux questions est affirmative, alors il base son action sur une stratégie conjointe. Le maximisateur direct se demande simplement si le résultat qu'il peut espérer de manière réaliste, dans le cas où il baserait ses actions sur une stratégie conjointe, lui procure une utilité plus grande que s'il agissait selon n'importe quelle autre stratégie — en tenant compte, bien entendu, des effets à court et à long terme. Ce n'est que s'il peut répondre affirmativement à cette question qu'il base son action sur une stratégie conjointe.

Considérons le cas d'une interaction parfaitement isolée dans laquelle les deux partenaires savent que le choix de chacun n'a aucune incidence sur la manière dont il s'en tire dans d'autres interactions. Supposons que la situation présente la structure familière du dilemme du prisonnier; chacun bénéficie de la coopération mutuelle mais chacun bénéficie de l'absence de coopération quoi que fasse l'autre[6]. Dans une telle situation, un maximisateur direct choisit de ne pas coopérer. Un maximisateur restreint choisit de coopérer si son utilité espérée, étant donné ce qu'il pense être le choix probable de son partenaire, est plus grande que celle qu'il pourrait espérer d'un résultat non-coopératif.

Les maximisateurs restreints peuvent donc retirer de la coopération des profits inaccessibles aux maximisateurs directs, si perspicaces et prévoyants que puissent être ces derniers. Mais les maximisateurs directs peuvent, à l'occasion, exploiter des maximisateurs restreints peu avertis. Les uns et les autres supposent que leur disposition est rationnelle. Mais qui a raison ?

III

Pour démontrer la rationalité d'une maximisation adéquatement restreinte, et ainsi la rationalité d'être juste, nous résolvons un problème de choix rationnel. Nous examinons ce que choisirait un individu rationnel placé devant l'alternative d'adopter, en tant que disposition à interagir avec les autres, la maximisation directe ou bien la maximisation restreinte. Bien que ce choix porte sur l'interaction, l'effectuer n'est pas s'engager dans une interaction. Tenant pour constantes les dispositions des autres, l'individu cherche à déterminer quelle est pour lui la meilleure disposition. Il compare donc l'utilité espérée s'il se dispose à maximiser l'utilité étant donné les stratégies qu'il s'attend à voir choisies par les autres et l'utilité de se disposer à coopérer avec les autres en vue d'obtenir des résultats quasi équitables et optimaux.

Pour choisir entre ces dispositions, une personne n'a besoin d'examiner que les situations dans lesquelles elles induisent un comportement différent. Si toutes deux s'expriment dans une stratégie individuelle maximisante ou si toutes deux conduisent quelqu'un à baser son action sur la stratégie conjointe qu'il attend des autres, alors leur espérance d'utilité est identique. Mais si la disposition à la maximisation restreinte conduit à baser une action sur une stratégie conjointe tandis que la disposition à maximiser directement conduit à l'abandonner, alors l'espérance d'utilité sera différente. Seules les situations qui donnent naissance à de telles différences doivent être examinées. Ces situations doivent satisfaire deux conditions. D'abord, elles doivent offrir la possibilité d'une coopération mutuellement profitable et équitable, puisque autrement la restriction serait sans objet. Deuxièmement, elles doivent offrir la possibilité de défections individuellement profitables, puisque autrement aucune restriction ne serait requise pour qu'on puisse réaliser des bénéfices réciproques.

Nous supposons alors un individu se demandant quelle disposition adopter dans des situations où son utilité espérée est u quand chaque personne agit selon une stratégie individuelle, u' quand tous agissent selon une stratégie conjointe de coopération, et u'' lorsqu'il agit selon une stratégie individuelle tandis que les autres basent leur action sur une stratégie conjointe de coopération et où u est moindre que u' (de sorte qu'il bénéficie de la coopération, comme l'exige la première condition) et u', pour sa part, est moindre que u'' (de sorte qu'il tire profit de la défection, comme l'exige la deuxième condition.)

Examinons les deux raisonnements que cette personne peut se faire :

Raisonnement 1 : Supposons que j'adopte la maximisation directe. Alors, si je m'attends à ce que les autres basent leur action sur une stratégie conjointe, je m'en dissocierai en faveur de ma meilleure stratégie individuelle en espérant en retirer une utilité u''. Si je m'attends à ce que les autres agissent selon une stratégie individuelle, alors je ferai de même et j'espérerai en retirer l'utilité u. Si la probabilité que les autres basent leur action sur une stratégie conjointe est de p, alors mon espérance d'utilité globale est : $(pu'' + (1 - p)u)$.

Supposons que j'adopte la maximisation restreinte. Alors, si je m'attends à ce que les autres basent leur action sur une stratégie conjointe, c'est aussi ce que je ferai, et je m'attendrai à en retirer une utilité u'. Si je m'attends à ce que les autres agissent selon une stratégie individuelle, alors je ferai de même, et j'espérerai en retirer une utilité u. Par conséquent, mon espérance d'utilité globale est : $(pu' + (1 - p)u)$.

Puisque u'' est plus grand que u', $(pu'' + (1 - p)u)$ est plus grand que $(pu' + (1 - p)u)$, pour toute valeur de p autre que 0 (si $p = 0$, alors les résultats sont égaux). Par conséquent, pour maximiser mon espérance d'utilité globale, je devrais adopter la maximisation directe.

Raisonnement 2 : Supposons que j'adopte la maximisation directe. Alors, je dois m'attendre à ce que les autres emploient une stratégie individuelle maximisante en interagissant avec moi ; je fais donc de même et j'espère en retirer une utilité u.

Supposons que j'adopte la maximisation restreinte. Alors, si les autres sont conditionnellement disposés à la maximisation restreinte, je puis m'attendre à ce qu'ils basent leur action sur une stratégie conjointe de coopération en interagissant avec moi ; je fais donc de même et j'espère en retirer une utilité u'. S'ils ne sont pas ainsi disposés, j'emploie une stratégie maximisante et en espère l'utilité u, comme auparavant. Si la probabilité que les autres soient disposés à la maximisation restreinte est de p, alors mon utilité espérée globale est : $(pu' + (1 - p)u)$.

Puisque u' est plus grand que u, $(pu' + (1 - p)u)$ est plus grand que u pour toute valeur de p autre que 0 (et si $p = 0$, alors ils sont égaux). Par conséquent, pour maximiser mon espérance d'utilité globale, je devrais adopter la maximisation restreinte.

Puisque les deux raisonnements mènent à des conclusions opposées, ils ne peuvent être tous les deux fiables. Le premier a la forme d'un argument de dominance. Dans toute situation où les autres agissent de manière non-coopérative, on peut espérer retirer la même utilité que l'on soit disposé à la maximisation directe ou à la maximisation restreinte. Dans toute situation où les autres agissent de manière coopérative, on peut s'attendre à retirer une plus grande utilité si l'on est disposé à la maximisation directe. Par conséquent, on devrait adopter la maximisation directe. Mais ce raisonnement ne serait valide que si la probabilité que les autres agissent de manière coopérative était, ainsi que le suppose l'argument, indépendante de sa propre disposition. Et tel n'est pas le cas. Puisque les personnes disposées à la coopération n'agissent de manière coopérative qu'avec ceux qu'elles supposent disposés à faire de même, un maximisateur direct n'a pas les occasions de retirer les bénéfices dont dispose le maximisateur restreint. Par conséquent, le raisonnement 1 n'est pas recevable.

Le raisonnement 2 prend en ligne de compte ce que néglige le raisonnement 1, c'est-à-dire la différence entre la manière dont le maximisateur restreint interagit avec ceux qui sont pareillement disposés et la manière dont il interagit avec les maximisateurs directs. Seuls ceux qui sont disposés à respecter leurs accords sont pour lui des partenaires rationnellement acceptables. Les maximisateurs restreints sont capables de faire avec leurs semblables des accords profitables que ne peuvent pas faire les maximisateurs directs, non pas parce que ces derniers refuseraient de les conclure, mais parce que, étant donné leur disposition à violer les accords, ils ne seraient pas admis comme partenaires. Les maximisateurs directs sont disposés à prendre avantage de leurs semblables quand l'occasion s'en présente ; le sachant, leurs semblables feront en sorte que ne se présentent pas de telles occasions. Si les mêmes occasions se présentaient à eux, les maximisateurs directs réaliseraient nécessairement de plus grands bénéfices. C'est ce qu'établit l'argument de la dominance. Mais parce qu'ils ont des dispositions différentes, les maximisateurs restreints et les maximisateurs directs auront aussi des occasions différentes, pour le plus grand bénéfice des premiers.

Mais le raisonnement 2 contient malheureusement une hypothèse qui n'a pas été motivée. Les attentes d'une personne quant à la manière dont les autres interagiront avec elle dépendent strictement de la disposition qu'elle choisit seulement quand ce choix est connu des autres. Ce que nous avons montré, c'est que si le maximisateur direct et le maximisateur restreint apparaissent sous leurs vraies couleurs, alors le maximisateur restreint réussit nécessairement mieux. Mais faut-il qu'ils apparaissent ainsi ? Le Fou peut concéder, en se ralliant à notre argument, que la question n'est pas de savoir s'il est rationnel ou non de respecter ses conventions et ses accords (particuliers), mais s'il est rationnel ou non d'être (généralement) disposé à les respecter, et il pourrait admettre qu'il ne peut pas gagner en plaidant sans détours la cause du maximisateur direct. Mais ne pourrait-il pas gagner en mariant la maximisation directe et l'apparence de la restriction ? L'argument du Fou n'est-il pas finalement que l'individu vraiment prudent, le maximisateur d'utilité pleinement rationnel, doit faire en sorte qu'il apparaisse comme une personne digne de confiance et qui respecte ses accords ? Car ainsi, il ne sera pas exclu des arrangements coopératifs, il sera au contraire accueilli comme partenaire alors même qu'il est à l'affût des occasions de profiter de ses semblables — de préférence sans qu'ils en sachent rien, afin de conserver le masque de la restriction et de la loyauté.

Il y a une manière simple de déjouer cette manœuvre. Puisque notre argument doit s'appliquer à des personnes idéalement rationnelles, nous pouvons simplement faire appel à un nouveau présupposé idéalisant et considérer que nos personnes sont *transparentes*[7]. Chacun est directement informé des dispositions de ses semblables et sait donc s'il interagit avec des maximisateurs directs ou restreints. La duperie est impossible : le Fou doit se révéler tel qu'il est.

Mais supposer cette transparence peut sembler dépouiller notre argument de la plus grande partie de son intérêt. Nous voulons établir un rapport entre nos présupposés idéalisants et le monde réel. Si la maximisation restreinte ne peut l'emporter sur la maximisation directe qu'à la condition que toutes les personnes soient transparentes, alors nous aurons échoué à montrer que dans des conditions réelles ou plausibles, les restrictions morales sont rationnelles. Nous aurons réfuté le Fou, mais pour cela il aura fallu sacrifier sa portée pratique à notre réfutation.

Cependant, la transparence s'avère un présupposé plus fort que ne l'exige notre argument. Nous pouvons faire appel plutôt à un présupposé plus réaliste de *translucidité* en supposant que les personnes ne sont ni transparentes ni opaques et en supposant que la question de savoir si elles sont disposées à coopérer ou non peut, même si les autres ne peuvent y répondre avec certitude, être davantage qu'une devinette. Des êtres opaques seraient condamnés à chercher des solutions politiques à ces problèmes d'interaction naturelle que ne résout pas le marché. Mais nous allons montrer que pour des êtres aussi translucides que nous pouvons raisonnablement nous imaginer l'être nous-mêmes, des solutions morales sont rationnellement disponibles.

Si les personnes sont translucides, alors les maximisateurs restreints (MR) échoueront parfois à se reconnaître les uns les autres et interagiront donc de manière non coopérative alors que la coopération leur serait mutuellement profitable. Les MR échoueront parfois à identifier les maximisateurs directs (MD) et agiront alors de manière coopérative : si les MD identifient les MR, ils seront en mesure de profiter d'eux. Les MR translucides doivent s'attendre à réussir moins bien dans leurs interactions que ne le feraient des MR transparents : les MD translucides doivent s'attendre à mieux s'en tirer que ne le feraient des MD transparents. Bien qu'il soit rationnel de choisir d'être un MR lorsqu'on est transparent, ce choix n'est pas nécessairement rationnel lorsqu'on est seulement translucide. Examinons les conditions dans lesquelles il est rationnel pour des personnes translucides de décider de se disposer à la maximisation restreinte et voyons si ces conditions sont (ou peuvent être) les conditions où nous nous trouvons nous-mêmes.

Comme dans la discussion précédente, nous n'aurons besoin d'examiner que les situations où les MR et les MD peuvent s'en tirer différemment. Ces situations sont celles qui offrent aux uns et aux autres la perspective d'une coopération mutuellement profitable (par rapport à la non-coopération), et aussi la perspective d'une défection individuellement profitable (par rapport à la coopération). Simplifions les données en supposant que le résultat non-coopératif est réalisé à moins que (1) ceux qui interagissent soient des MR qui parviennent à se reconnaître les uns les autres, auquel cas le résultat coopératif est réalisé, ou que (2) parmi ceux qui interagissent se trouvent des MR qui échouent à reconnaître les MD mais qui sont eux-mêmes reconnus, auquel cas le résultat réalisé offre aux MD les bénéfices de la défection individuelle et aux MR le coût de ce qu'on profite d'eux parce qu'ils ont à tort basé leur action sur une stratégie de coopération. Nous négligeons le cas où, par inadvertance, les MR profitent de leurs pareils parce qu'ils les ont pris pour des MD.

Il y a quatre gains possibles : la non-coopération, la coopération, la défection et l'exploitation (ainsi que nous pouvons appeler le résultat réalisé pour une personne dont le partenaire supposé se dissocie de la stratégie conjointe sur laquelle elle avait basé son action). Pour la situation typique, nous assignons à la défection la valeur un, à la coopération la valeur u'' (moindre que un), à la non-coopération la valeur u' (moindre que u'') et à l'exploitation la valeur zéro (moindre que u'). Nous introduisons maintenant trois probabilités. La première, p, est la probabilité que les MR parviennent à se reconnaître les uns les autres et coopèrent donc avec succès. La seconde, q, est la probabilité que les MR échouent à reconnaître les MD mais soient eux-mêmes reconnus, d'où la défection et l'exploitation. La troisième, r, est la probabilité qu'un membre de la population choisi au hasard soit un MR. (Nous supposons que tout le monde est MR ou MD, de sorte que la probabilité qu'une personne choisie au hasard soit MD est : $(1 - r)$.) Les valeurs de p, q et r doivent, bien entendu, être comprises entre 0 et 1.

Calculons maintenant les utilités espérées des MR et des MD dans des situations qui offrent aux uns et aux autres la perspective d'une coopération mutuellement profitable et celle d'une défection individuellement profitable. Un MR s'attend à retirer l'utilité u' à moins (1) qu'il ne réussisse à coopérer avec d'autres MR ou (2) qu'il ne soit exploité par un MD. La probabilité de (1) est la probabilité combinée qu'il interagisse avec un MR, r, et qu'ils parviennent à se reconnaître l'un et l'autre, p, soit rp. Dans ce cas, il fait un profit ($u'' - u'$) par rapport à l'utilité espérée en l'absence de coopération (u'). L'effet de (1) est donc d'accroître son utilité espérée de la valeur ($rp(u'' - u')$). La probabilité de (2) est la probabilité combinée qu'il interagisse avec un MD, $1 - r$, et qu'il échoue à le reconnaître mais soit reconnu par lui, q, soit $(1 - r)q$. Dans ce cas il reçoit la valeur 0, de sorte qu'il perd l'utilité qu'il s'attend à retirer de la non-coopération, u'. L'effet de (2) est donc de réduire son utilité espérée de la valeur $((1 - r)qu')$. Si l'on prend en ligne de compte à la fois (1) et (2), un MR s'attend à retirer l'utilité $(u' + (rp(u'' - u'))) - (1 - r)qu'$.

Un MD s'attend à retirer l'utilité u' à moins qu'il n'exploite un MR. La probabilité de cette éventualité est la probabilité combinée qu'il interagisse avec un MR, r, et qu'il le reconnaisse sans être reconnu de lui, q, soit rq. Dans ce cas, il gagne $(1 - u')$ par rapport à l'utilité qu'il s'attend à retirer de la non-coopération, u'. L'effet est donc d'accroître son utilité espérée de la valeur : $(rq(1 - u'))$. Un MD s'attend donc à l'utilité $(u' + (rq(1 - u')))$.

Il est rationnel de se disposer à la maximisation restreinte si et seulement si l'utilité que s'attend à retirer un MR est plus grande que celle que s'attend à retirer un MD, ce qui se produit si et seulement si p/q est plus grand que $((1 - u')/(u'' - u') + ((1 - r)u')/(r(u'' - u')))$.

Le premier terme de cette expression, $((1- u')/(u'' - u'))$, relie le bénéfice retiré de la défection au bénéfice retiré de la coopération. La valeur de la défection est bien entendu plus grande que celle de la coopération, aussi ce terme est-il plus grand que un. La valeur du deuxième terme, $(((1 - r)u')/(r(u'' - u')))$, dépend de r. Si $r = 0$ (c'est-à-dire s'il n'y a pas de MR dans la population), alors cette valeur est infinie. A mesure que r croît, la valeur de cette expression décroît, jusqu'à ce que, si $r = 1$ (c'est-à-dire s'il y a seulement des MR dans la population), elle atteigne 0.

Nous pouvons maintenant tirer deux conclusions importantes. D'abord, il est rationnel de se disposer à la maximisation restreinte seulement si le rapport p/q, c'est-à-dire le rapport entre la probabilité qu'une interaction mettant en scène des MR conduise à la coopération et la probabilité qu'une interaction mettant en scène des MR et des MD conduise à l'exploitation et à la défection, est plus grand que le rapport entre le profit retiré de la défection et le profit retiré de la coopération. Si la population ne compte que des MR, alors nous pouvons remplacer dans la phrase précédente «seulement si» par «si et seulement si», mais en général il s'agit seulement d'une condition nécessaire pour que la disposition à la maximisation restreinte soit rationnelle.

Deuxièmement, à mesure que la proportion de MR dans la population augmente (et qu'ainsi la valeur de r croît), la valeur du rapport de p à q exigée pour qu'il soit rationnel de se disposer à la maximisation restreinte décroît. Plus les maximisateurs restreints sont nombreux, plus grands sont les risques qu'ils peuvent rationnellement prendre soit d'échouer à se reconnaître mutuellement en vue de la coopération, soit d'échouer à reconnaître les MD et d'être donc exploités par eux. Cependant, ces risques, et tout particulièrement le dernier, peuvent demeurer relativement faibles.

Nous pouvons illustrer ces conclusions en introduisant d'abord des valeurs numériques typiques pour la coopération et la non-coopération puis en considérant différentes valeurs de r. On peut supposer que, dans l'ensemble, il n'y a aucune raison pour que le profit typique de la défection relativement à la coopération soit ou plus grand ou plus petit que le profit typique de la coopération relativement à la non-coopération. En retour, on peut supposer qu'il n'y a aucune raison pour que ce dernier profit soit ou plus grand ou plus petit que la perte typique de la non-coopération relativement à l'exploitation. Ainsi, puisque la défection a la valeur un et l'exploitation la valeur zéro, assignons à la coopération la valeur deux tiers et à la non-coopération celle d'un tiers.

Le profit de la défection, $(1 - u')$, est donc de deux tiers; le profit de la coopération $(u'' - u')$ est d'un tiers. Puisque p/q doit excéder $((1 - u')/(u'' - u') + ((1 - r)u')/(r(u'' - u')))$ pour que la maximisation restreinte soit rationnelle, la probabilité p que les MR coopèrent avec succès doit être, dans notre cas typique, plus du double de la probabilité q que les MR soient exploités par des MD, et ceci aussi grande que puisse être la probabilité r qu'une personne choisie au hasard soit MR. En général, p/q doit être plus grand que $(2 + (1 - r)/r)$, ou, de manière équivalente, plus grand que $(r + 1)/r$. Si trois personnes sur quatre sont MR, de sorte que $r = 3/4$, alors p/q soit être plus grand que 7/3; si une personne sur deux est MR, alors p/q doit être plus grand que trois; si une personne sur quatre est MR, alors p/q doit être plus grand que cinq.

Supposons qu'une population soit divisée également entre maximisateurs restreints et maximisateurs directs. Si les maximisateurs restreints sont capables de coopérer avec succès dans les deux tiers de leurs rencontres et d'éviter d'être exploités par les maximisateurs directs dans les quatre cinquièmes de leurs rencontres, alors les maximisateurs restreints peuvent s'attendre à s'en tirer mieux que les autres. Bien entendu, la division égale ne sera pas stable; il sera rationnel pour les maximisateurs directs de changer de disposition. Ces personnes sont suffisamment translucides pour que la moralité leur apparaisse rationnelle.

IV

Un maximisateur restreint est conditionnellement disposé à coopérer selon des voies qui, si elles étaient suivies par tous, mèneraient à des résultats quasi optimaux et équitables. Et il coopère selon ces voies lorsqu'il peut espérer en tirer un bénéfice. Dans la section précédente, nous avons argué qu'on est ainsi rationnellement disposé quand les personnes sont transparentes ou quand elles sont suffisamment translucides et suffisamment nombreuses à être animées des mêmes dispositions. Mais notre argument n'a pas explicitement fait intervenir l'exigence particulière qui veut que les pratiques et les activités coopératives soient quasi optimales et équitables. Nous avons exigé du résultat coopératif qu'il offre une utilité plus grande que la non-coopération, mais c'est là une exigence beaucoup plus faible que de requérir qu'il s'approche des résultats caractéristiques de la concession relative minimax.

Mais il faut remarquer que plus le gain ($u'' - u'$) retiré de la coopération est grand, plus la valeur minimale de p/q qui rend rationnelle la disposition à la maximisation restreinte est petite. Nous pouvons considérer p/q comme une mesure de la translucidité; plus les maximisateurs restreints sont translucides, mieux ils parviennent à coopérer entre eux (à accroître p) et mieux ils évitent d'être exploités par les maximisateurs directs (ce qui fait décroître q). Par conséquent, à mesure que les pratiques et les activités s'éloignent de l'optimalité, la valeur espérée de la coopération, u'', décroît, de sorte que le degré de translucidité requis pour que la coopération soit rationnelle s'accroît. Et à mesure que les pratiques et les activités s'éloignent de l'équité, la valeur espérée de la coopération pour ceux qui ont reçu moins qu'une part équitable décroît, de sorte que le degré de translucidité requis pour que la coopération soit rationnelle pour eux s'accroît. Notre argument fait donc implicitement appel à l'exigence que la coopération mène à des résultats quasi équitables et optimaux.

Mais il existe un argument supplémentaire pour exiger, comme nous le faisons, que la disposition conditionnelle à coopérer soit limitée à des pratiques et à des activités conduisant à des résultats quasi optimaux et équitables. Et cet argument porte, comme notre argument général pour la restriction, sur la manière dont les dispositions de quelqu'un affectent les caractéristiques des situations où il peut raisonnablement espérer se retrouver. Qualifions d'*étroitement conforme* (*narrowly compliant*) une personne disposée à coopérer selon des voies qui, si elles sont suivies par tous, mènent à des résultats quasi optimaux et équitables. Et qualifions de *largement conforme* (*broadly compliant*) une personne disposée à coopérer selon des voies qui, si elles sont suivies par tous, lui valent simplement un bénéfice par rapport à un état universel de non-coopération. Nous ne nions pas que dans certaines situations une personne largement conforme pourra s'attendre à retirer des bénéfices irréalisables pour une personne étroitement conforme. Mais dans plusieurs autres situations une personne largement conforme doit s'attendre, du fait de sa disposition, à des pertes. Car dans la mesure où elle est connue pour être largement conforme, les autres auront toutes les raisons du monde de maximiser leur utilité à ses dépens, en lui offrant de « coopérer » dans des termes guère plus avantageux pour elle que ce qu'elle peut espérer de la non-coopération. Puisqu'une personne largement conforme est disposée à saisir tout bénéfice, quel qu'il soit, qu'une stratégie conjointe peut lui offrir, elle se retrouvera dans des occasions où les bénéfices restent minces.

Puisque la personne étroitement conforme est toujours prête à accepter des arrangements coopératifs basés sur le principe de concession relative minimax, elle sera prête à coopérer chaque fois que la coopération peut être mutuellement profitable dans des termes également rationnels et équitables pour tous. En rejetant tout autre terme, elle ne diminue pas ses perspectives de coopération avec les autres personnes rationnelles et elle fait en sorte que ceux qui ne sont pas disposés à une coopération équitable ne profitent des avantages d'aucune coopération ; ainsi, elle fait en sorte que leur iniquité soit coûteuse pour eux-mêmes, et donc irrationnelle.

V

Nous aurions tort de supposer qu'il est rationnel de se disposer à la maximisation restreinte sans se disposer aussi à écarter les maximisateurs directs des bénéfices de la coopération. Hobbes note que ceux qui pensent pouvoir raisonnablement violer leurs engagements pourraient bien ne pas être reçus au sein de la société, si ce n'est à la faveur d'une erreur de leurs semblables. Si leurs semblables commettent cette erreur, alors ils s'apercevront bientôt qu'il ne rapporte à personne de respecter ses engagements. Ne pas exclure les maximisateurs directs des bénéfices des arrangements coopératifs ne les amène pas, et ne peut pas les amener, à partager les bénéfices à long terme de la coopération; cela garantit plutôt que les arrangements restent inopérants, de sorte qu'il n'y a pas de bénéfices à partager. Dans de telles circonstances, il n'y a plus rien à gagner à la maximisation restreinte; aussi bien rallier les rangs des maximisateurs directs dans leur retour à la condition naturelle du genre humain.

Nous ne devons pas non plus supposer qu'il est rationnel de se disposer à une maximisation restreinte sans cultiver aussi l'aptitude à détecter les dispositions d'autrui. Considérons encore une fois les probabilités p et q, c'est-à-dire la probabilité que les MR parviennent à se reconnaître les uns les autres et coopèrent, et la probabilité que les MR échouent à reconnaître les MD mais soient reconnus par eux et soient ainsi exploités. Il est évident que les MR ont avantage à accroître p et à faire décroître q. Et c'est ce que reflète notre calcul de l'utilité espérée pour les MR : la valeur de $(u' + (rp(u'' - u'))) - (1 - r)qu')$ croît lorsque que p croît et que q décroît.

Qu'est-ce qui détermine la valeur de p et de q? p dépend de l'aptitude des MR à détecter la sincérité des autres MR et à leur révéler leur sienne propre. q dépend de l'aptitude des MR à détecter l'insincérité des MD et à leur dissimuler leur propre sincérité et de l'aptitude des MD à détecter la sincérité des MR et à leur dissimuler leur propre insincérité. Puisque toute augmentation de l'aptitude à révéler sa sincérité aux autres MR est susceptible d'être contrebalancée par une diminution de l'aptitude à dissimuler sa sincérité aux MD, un MR comptera vraisemblablement d'abord sur son aptitude à détecter les dispositions d'autrui, plutôt que sur son aptitude à révéler ou à dissimuler les siennes.

L'aptitude à détecter les dispositions d'autrui doit être bien développée chez un MR rationnel. Ne pas développer cette aptitude ou négliger de l'exercer empêche de bénéficier de la maximisation restreinte. Et il pourra sembler alors que la restriction est irrationnelle. Mais en fait ce qui est irrationnel, c'est de ne pas cultiver ou exercer l'aptitude à détecter la sincérité ou l'insincérité d'autrui.

Et les MR et les MD doivent s'attendre à ce qu'il soit profitable de développer leur aptitude à détecter les dispositions d'autrui. Mais si les uns et les autres s'efforcent de maximiser leur aptitude (ou l'utilité espérée nette d'une telle maximisation), alors les MR peuvent s'attendre à améliorer leur position vis-à-vis des MD. Les bénéfices que retirent les MD du fait qu'ils savent mieux détecter leurs victimes potentielles doivent être dans l'ensemble contrebalancés par les pertes qu'ils subissent lorsque les MR deviennent plus habiles à détecter en eux des exploiteurs potentiels. D'autre part, bien que les MR puissent ne retirer aucun profit net de leurs interactions avec les MD, les bénéfices qu'ils retirent du fait qu'ils savent mieux détecter chez les autres MR des coopérateurs potentiels ne sont pas contrebalancés par des pertes correspondantes ; ils s'accroîssent plutôt au fur et à mesure que les autres MR améliorent leur aptitude à les détecter.

Ainsi, cependant que les personnes rationnelles améliorent leur aptitude à détecter les dispositions de ceux avec qui ils interagissent, on peut s'attendre à ce que la valeur de p croisse, tandis que la valeur de q demeure relativement constante. Mais alors la valeur de p/q s'accroît, et plus sa valeur est grande, moins il est nécessaire que soient favorables les autres circonstances qui font qu'il est rationnel de se disposer à la maximisation restreinte. Ceux qui croient que la rationalité et la justice s'opposent pourraient bien ne pas avoir aperçu l'importance de cultiver leur aptitude à distinguer la coopération sincère de la coopération insincère.

VI

En prenant la défense de la maximisation restreinte et donc du respect des exigences de la justice, nous avons implicitement réinterprété la conception de la rationalité pratique basée sur la maximisation de l'utilité. L'interprétation reçue, communément acceptée par les économistes et élaborée dans la théorie de la décision de Bayes et la théorie des jeux de Von Neumann et Morgenstern, identifie la rationalité à la maximisation de l'utilité au niveau des choix particuliers. Un choix est rationnel si et seulement si il maximise l'utilité espérée de l'acteur. Nous identifions la rationalité à la maximisation de l'utilité au niveau des dispositions à choisir. Une disposition est rationnelle si et seulement si l'acteur qui l'adopte peut s'attendre à ce que ses choix ne lui procure pas une utilité moindre que les choix qu'il aurait effectués s'il avait adopté toute autre disposition. Nous tenterons de voir si les choix particuliers sont rationnels si et seulement si ils expriment une disposition rationnelle à choisir.

Il pourrait sembler qu'une disposition maximisante à choisir doive se manifester dans des choix maximisants. Mais nous avons montré que tel n'était pas le cas. Le point essentiel de notre argument, c'est que la disposition de quelqu'un à choisir affecte les situations où il peut s'attendre à se trouver. Un maximisateur direct, qui est disposé à faire des choix maximisants, doit s'attendre à être exclu d'arrangements coopératifs qu'il trouverait avantageux. Un maximisateur restreint peut s'attendre à être accepté dans de tels arrangements. Il bénéficie de sa disposition, non pas dans les choix qu'il fait, mais dans les occasions qu'il a de choisir.

Nous avons soutenu la rationalité de la maximisation restreinte en tant que disposition à choisir en montrant qu'elle serait rationnellement choisie. Cet argument n'est pas circulaire ; la maximisation restreinte est une disposition à faire des choix stratégiques qui serait elle-même choisie paramétriquement[8]. Mais l'idée d'un choix parmi des dispositions à choisir est un outil heuristique pour exprimer l'exigence sous-jacente qui veut qu'une disposition rationnelle à choisir maximise l'utilité. Dans des contextes paramétriques, la disposition à faire des choix directement maximisants maximise indiscutablement l'utilité. Nous pouvons donc employer l'outil du choix paramétrique parmi les dispositions à choisir pour montrer que dans des contextes stratégiques, la disposition à faire des choix restreints, plutôt que des choix directement maximisants, maximise l'utilité. Nous devons cependant insister sur le fait que ce n'est pas le choix lui-même qui constitue la clé de notre argument, mais le caractère maximisant de la disposition en vertu de quoi elle mérite d'être choisie.

Mais notre recours au choix parmi les dispositions à choisir est significatif à un autre titre, car nous supposons que la capacité de faire de tels choix fait essentiellement partie de la rationalité humaine. Nous pourrions imaginer des êtres ainsi faits que la maximisation directe serait le seul mode de choix psychologiquement possible dans des contextes stratégiques. Hobbes peut avoir pensé que les êtres humains sont ainsi faits, qu'ils sont des machines à maximiser directement. Mais s'il l'a pensé, il se trompait certainement. Au cœur de notre capacité rationnelle réside l'aptitude à s'engager dans une réflexion autocritique. L'être pleinement rationnel est capable de réfléchir à ses standards de délibération et de les modifier à la lumière de la réflexion. Nous supposons donc qu'il est possible, pour des personnes ayant d'abord cru qu'il est rationnel de pratiquer la maximisation directe non seulement dans des contextes paramétriques mais aussi dans des contextes stratégiques, de réfléchir aux conséquences de cette extension et de la rejeter en faveur de la maximisation restreinte. De telles personnes feraient le choix même dont nous avons discuté, celui d'une disposition à choisir.

Et en faisant ce choix, ces personnes exprimeraient leur nature non seulement d'êtres rationnels, mais aussi d'êtres moraux. Si la disposition à faire des choix directement maximisants était ancrée en nous, nous ne pourrions pas restreindre nos actions de la manière qu'exige la moralité. Les philosophes moraux ont, avec raison, refusé d'accepter l'interprétation usuelle de la relation entre la rationalité pratique et la maximisation de l'utilité parce qu'ils ont bien vu qu'elle ne laissait aucune place à une restriction rationnelle sur le comportement maximisant directement l'utilité et, donc, aucune place à la moralité telle qu'on l'entend d'ordinaire. Mais ils se sont alors tournés vers une explication néo-kantienne de la rationalité qui les a conduits à rejeter l'idée que les considérations qui constituent les raisons d'agir d'une personne doivent entretenir quelque relation particulière avec la personne[9]. Ils n'ont pas réussi à établir le lien entre notre nature d'êtres moraux et notre souci quotidien de satisfaire nos préférences individuelles. Mais nous avons montré comment la moralité émerge de ce souci. Quand nous comprenons correctement comment la maximisation de l'utilité s'identifie à la rationalité pratique, nous voyons que la moralité est une partie essentielle de la maximisation.

Un objecteur pourrait concéder qu'il est rationnel de se disposer à la maximisation restreinte mais nier que les choix que l'on est alors disposé à faire soient rationnels[10]. L'objecteur soutient que nous avons seulement donné un autre exemple de la rationalité de ne pas se comporter rationnellement. Et avant même que nous ayons pu l'accuser de paradoxe, il nous soumet de nouveaux exemples.

Songez, dit-il, aux coûts de la prise de décision. Maximiser peut être la procédure la plus fiable, mais elle n'est pas nécessairement la plus économique. Dans plusieurs circonstances, la personne rationnelle ne maximise pas mais « cherche à satisfaire » : elle détermine un seuil de contentement et choisit parmi les lignes de conduite permettant d'atteindre ce seuil, la première qui lui vienne à l'esprit. Bien entendu, notre objecteur peut avancer l'hypothèse que les êtres humains, comme d'autres animaux supérieurs, sont des « satisfaiseurs » naturels. Ce qui nous distingue, c'est que nous pouvons faire d'autres choix, mais le prix à payer est tel qu'il n'est généralement pas avantageux d'exercer cette capacité, même si nous savons que la plupart de nos choix ne sont pas maximisants.

Songez aussi, dit-il, à la tendance à prendre ses désirs pour des réalités. Lorsque nous entreprenons de calculer quelle ligne de conduite est la meilleure ou laquelle est maximisante, nous sommes sujets à confondre les estimations réelles et les espoirs. Le sachant, nous nous protégeons en basant nos choix sur des principes fixes et nous adhérons à ces principes même quand il nous apparaît que nous ferions mieux de passer outre, car nous savons qu'en ces matières les apparences sont souvent trompeuses. Et bien entendu, pourra suggérer notre objecteur, la moralité peut en grande partie être comprise non pas comme un ensemble de restrictions sur la maximisation destinées à garantir des bénéfices réciproques équitables, mais comme un ensemble de restrictions sur notre tendance à contenter des désirs et destinées à nous rapprocher davantage de la maximisation.

Songez encore, dit-il, aux bénéfices de la menace. Je peux vous amener à poser une action qui m'est profitable en vous persuadant que, dussiez-vous ne pas obtempérer, j'entreprendrai contre vous une action qui ne maximise pas forcément mon utilité mais qui vous coûtera très cher. Des pirates de l'air s'emparent d'avions et menacent de détruire tout le monde à bord, eux compris, s'ils ne sont pas conduits à La Havane. Des nations brandissent la menace de représailles nucléaires en cas d'attaque ennemie. Bien que mettre une menace à exécution soit coûteux, la menace peut être efficace sans que ces coûts soient forcément assumés, de sorte que le bénéfice, qu'on ne pourrait en retirer autrement, devient accessible.

Mais, continue notre objecteur, une menace ne peut être efficace que si elle est plausible. Il se peut que pour maximiser sa crédibilité et ses perspectives de profit on doive se disposer à mettre une menace à exécution si ses exigences ne sont pas satisfaites. Et ainsi il pourra être rationnel de se disposer à mettre ses menaces à exécution. Mais alors, par parité avec notre raisonnement sur la maximisation restreinte, nous devrions supposer qu'il est rationnel de mettre en fait ses menaces à exécution. Certainement, nous devrons plutôt dire que s'il est carrément irrationnel de mettre à exécution une menace demeurée inefficace, il peut pourtant être rationnel de se disposer précisément à ce genre d'irrationalité. Et ainsi, nous devrions similairement soutenir que s'il est franchement irrationnel de restreindre son comportement de maximisation, il peut pourtant être rationnel de se disposer à cette chose irrationnelle.

Ces objections ne nous touchent pas. Nous reconnaissons qu'un acteur sujet à certaines faiblesses ou imperfections peut trouver rationnel de se disposer à effectuer des choix qui ne sont pas eux-mêmes rationnels. De telles dispositions peuvent être le moyen le plus efficace de compenser les faiblesses ou les imperfections. Elles constituent en quelque sorte une deuxième meilleure rationalité. Mais bien qu'il puisse être rationnel pour nous de « satisfaire », il ne serait pas rationnel pour nous de poser l'action ainsi choisie si l'action maximisante devait nous être révélée sans coût. Et bien qu'il puisse être rationnel d'adhérer à des principes afin de se prémunir contre une tendance à contenter des désirs, il ne serait pas rationnel d'agir de la sorte alors que l'action maximisante nous est clairement révélée.

Ceci peut être mis en contraste avec la maximisation restreinte. Les motifs qui poussent quelqu'un à se disposer à la restriction ne font pas appel à quelque faiblesse ou imperfection dans le raisonnement de l'acteur; bien entendu, ces motifs sont plus évidents aux « raisonneurs » parfaits qui ne peuvent être trompés. La disposition à la maximisation restreinte déjoue les effets externes (*externalities*); elle s'attaque au problème central posé par la structure de l'interaction. Et l'idée même de se disposer à la restriction, c'est d'y adhérer tout en sachant que l'on ne choisit pas l'action maximisante.

Les acteurs imparfaits trouvent rationnel de se disposer à faire moins que des choix rationnels. On n'en peut tirer aucune leçon touchant les dispositions et les choix de l'acteur parfait. Si ses dispositions à choisir sont rationnelles, alors certainement ses choix aussi le sont.

Mais que dire de celui qui use de menaces ? Ici nous sommes en désaccord avec notre objecteur; il peut être rationnel pour un acteur parfait de se disposer à user de menaces, et si ce l'est, il est alors rationnel de mettre à exécution une menace restée inefficace. Il peut également être rationnel pour un acteur parfait de se disposer à résister aux menaces, et si ce l'est, il est alors rationnel pour lui de résister en dépit du prix qu'il lui faudra payer. La dissuasion, avons-nous avancé ailleurs, peut être une politique rationnelle, et les choix dissuasifs non maximisants sont alors rationnels[11].

Dans une communauté de personnes pleinement rationnelles, cependant, les menaces seront proscrites. Contrairement à la coopération, la menace ne promeut pas l'avantage mutuel. Une menace réussie redistribue simplement les bénéfices au profit de son auteur; une résistance réussie à la menace préserve le *statu quo*. La menace inefficace conduit à des actes coûteux, aussi bien pour son auteur que pour celui qui y résiste, et son résultat est nécessairement non optimal; sa véritable *raison d'être** est d'empirer la situation de tous. Toute personne qui ne jouit pas d'une position exceptionnelle doit donc s'attendre *ex ante* à ce que la menace soit globalement désavantageuse. Sa proscription doit faire partie d'un accord équitable et optimal entre des personnes rationnelles; l'une des contraintes imposées par la concession relative minimax est de s'abstenir de toute menace. Notre argument montre donc que la menace est un comportement à la fois irrationnel et immoral.

Les maximisateurs restreints ne se disposeront pas à user de menaces ni à y résister entre eux. Mais il y a des circonstances, au-delà des bornes de la morale, où un maximisateur restreint peut trouver rationnel de se disposer à user de menaces. S'il se retrouve entouré de maximisateurs directs, et en particulier si ceux-ci sont trop stupides pour résister aux menaces, la meilleure chose à faire pour lui pourrait bien être de se disposer à user de menaces. Et pour lui, mettre à exécution des menaces restées inefficaces serait rationnel bien que cela ne maximise pas l'utilité.

Notre objecteur a mal ajusté son tir. Les dispositions d'un acteur pleinement rationnel se montrent dans des choix rationnels. Notre argument identifie la rationalité pratique à la maximisation de l'utilité au niveau des dispositions à choisir et il assume les conséquences de cette identification en reconnaissant la rationalité des choix particuliers. Il montre que dans des circonstances plausibles il est rationnel d'être juste.

NOTES

[1] Une réponse *optimisante* offre à chaque personne une utilité telle que, si l'utilité de quiconque s'accroît, alors l'utilité de quelque autre personne doit décroître. Une réponse *maximisant l'utilité* offre à l'agent une utilité aussi grande que possible, étant donné les choix qu'il escompte de la part des autres.
[2] Hobbes (1651), chap. XV.
[3] Rawls (1971), p. 4 [1987, p. 30].
[4] Cette réponse au Fou remplace ma discussion dans Gauthier (1975).

⁵ La maximisation restreinte ne doit donc pas être mise en parallèle avec des stratégies comme celle du «Tit-for-Tat», qui ont été proposées pour ce qu'on appelle la réitération du dilemme du prisonnier. Les maximisateurs restreints peuvent coopérer même si aucun d'eux ne s'attend à ce que ses choix affectent des situations à venir. Il n'y a ici aucun appel à la sorte de réciprocité nécessaire dans l'explication d'Axelrod; voir Axelrod (1981b).

⁶ Le dilemme du prisonnier est illustré par cette matrice :

		B	
		coopère	ne coopère pas
A	coopère	3,3	1,4
	ne coopère pas	4,1	2,2

Chaque cellule représente le résultat des actions des agents dans leurs rangées et leurs colonnes respectives et indique l'utilité pour A d'abord et B ensuite. On peut observer que la coopération réciproque est meilleure pour chacun que la non-coopération, mais que chacun tire profit de la non-coopération quoi que fasse l'autre.

⁷ Le fait que ma discussion dans Gauthier (1975) supposait la transparence a été relevé par Derek Parfit. Voir sa discussion de la théorie de l'intérêt personnel dans Parfit (1984). Voir aussi sa discussion de Gauthier (1975) dans Darwall (1983), en particulier pp. 197-198.

⁸ Dans «le choix *paramétrique*, (...) l'acteur considère son comportement comme l'unique variable d'un environnement fixe. (...) L'interaction fait intervenir un choix *stratégique*, dans lequel l'acteur considère son comportement comme une variable parmi d'autres, de sorte que ses choix doivent répondre aux choix escomptés de la part des autres.» Gauthier (1986), p. 21.

⁹ Voir par exemple Nagel (1970), pp. 90-124.

¹⁰ L'objecteur pourrait bien être Derek Parfit; voir Parfit (1984), pp. 19-23.

* En français dans le texte.

¹¹ Voir Gauthier (1984). Ce texte a paru également dans MacLean (1984).

Bibliographie générale

ARROW Kenneth J. (1951), *Social Choice and Individual Values*, deuxième édition, New York, John Wiley and Sons, 1963.
ARROW Kenneth J. (1967), « Values and Collective Decision-Making », in *Philosophy, Politics, and Society* (sous la dir. de Peter Laslett et W. G. Runciman), Third Series, Oxford, Basil Blackwell, pp. 215-232.
AXELROD R. (1981), « The Emergence of Cooperation Among Egoists », *American Political Review*, n° 75, pp. 306-318.
BAIER Kurt (1958), *The Moral Point of View*, Ithaca, New York, Cornell University Press.
BEEHLER Rodger (1987), compte rendu de *Analyzing Marx* de R. Miller, *Canadian Journal of Philosophy*, vol. 16, n° 4.
BERLIN Isaiah (1976), *Vico and Herder*, Londres, The Hogarth Press.
BERNSTEIN R.J. (sous la dir. de) (1985), *Habermas and Modernity*, Cambridge, Mass., Harvard University Press.
BRANDT Richard (1977), *A Theory of the Good and the Right*, Oxford, Oxford University Press.
BRAITHWAITE R. B. (1955), *Theory of Games as a Tool for the Moral Philosopher*, Cambridge, Cambridge University Press.
BUCHANAN James M. (1975), *The Limits of Liberty*, Chicago, University of Chicago Press.
COHEN G.A. (1983), « Reconsidering Historical Materialism », in *Marxism, Nomos*, XXVI (sous la dir. de J. R. Pennock et J. W. Chapman), New York, New York University Press.
COPP David et David ZIMMERMAN (sous la dir. de) (1985), *Morality, Reason and Truth*, Totowa, New Jersey, Rowman and Allanheld.
CREWS Frederick (1986), « The House of Grand Theory », *The New York Review of Books*, vol. XXXIII, n° 9, 26 mai 1986, pp. 36-43.
DANIELS Norman (1979a), « Wide Reflexive Equilibrium and Theory Acceptance in Ethics », *The Journal of Philosophy*, vol. 76, pp. 256-282.
DANIELS Norman (1979b), « Moral Theory and Plasticity of Persons », *The Monist*, vol. 62, pp. 265-287.
DANIELS Norman (1980a), « Some Methods of Ethics and Linguistics », *Philosophical Studies*, vol. 37, pp. 21-36.
DANIELS Norman (1980b), « Reflexive Equilibrium and Archimedean Points », *Canadian Journal of Philosophy*, mars 1980, vol. 10, pp. 83-103.
DANIELS Norman (1985), « Two Approaches to Theory Acceptance in Ethics », *Morality, Reason and Truth* (sous la dir. de D. Copp et D. Zimmerman), Totowa, New Jersey, Rowman and Allanheld, pp. 120-140.
DANIELS Norman (1987), « An Argument about the Relativity of Justice », *Revue internationale de philosophie*, vol. I.
DARWALL S.L. (1983), *Impartial Reason*, Ithaca, New York, Cornell University Press.
ELDER Fons (sous la dir. de) (1974), *Reflexive Water*, Londres, Souvenir Press.
ENGLISH Jane (1979), « Ethics and Science », *Proceedings of the XVIth World Congress of Philosophy*, Stuttgart.

FOUCAULT Michel (1974), «Human Nature : Justice Versus Power», *Reflexive Water* (sous la dir. de F. Elder), Londres, Souvenir Press.
GAUTHIER David (1974a), «Justice and Natural Endowment : Toward a Critic of Rawls' Ideological Framework», *Social Theory and Practice*, vol. 3, pp. 3-26.
GAUTHIER David (1974b), «Rational Cooperation» *Noûs*, vol. 8, pp. 53-65.
GAUTHIER David (1978a), «Bargaining Our Way into Morality : A Do-it Yourself Primer», *Philosophical Exchange*, vol. 5, pp. 15-27.
GAUTHIER David (1978b), étude critique de *Essays on Ethics, Social Behaviour and Scientific Explanation* de John Harsanyi, Dialogue, vol. XVII, pp. 696-706.
GAUTHIER David (1978c), «Economic Rationality and Moral Constraints», in *Midwest Studies in Philosophy* (sous la dir. de P. E. French et Th. E. Uehling), vol. III, *Studies in Ethical Theories*, Morris, The University of Minnesota, pp. 75-96.
GAUTHIER David (1978d), «Social Choice and Distributive Justice», *Philosophia*, vol. 7, pp. 239-253.
GAUTHIER David (1978e), «The Social Contract : Individual Decision and Collective Bargain», in *Foundations and Applications of Decision Theory* (sous la dir. de C. A. Hooker *et al.*), Dordrecht, D. Reidel, vol. II, pp. 47-67.
GAUTHIER David (1984), «Deterrence, Maximization, and Rationality», *Ethics*, n° 94, pp. 474-495.
GAUTHIER David (1985), «Justice as Social Choice» in *Morality, Reason and Truth* (Sous la direction de D. Copp et D. Zimmerman) Totowa, New Jersey, Romman and Allanheld, pp. 251-269.
GAUTHIER David (1986), *Morals by Agreement*, Oxford, Clarendon Press.
GERT Bernard (1966), *The Moral Rules*, New York, Harper and Row.
HABERMAS Jürgen (1981), «Modernity versus Postmodernity», *New German Critique*, hiver 1981, n° 22, pp. 3-14.
HABERMAS Jürgen (1983), *Morale et communication* (trad. de l'allemand par C. Bouchindhomme), Paris, Cerf, 1986.
HABERMAS Jürgen (1985), «Questions and Counter Questions», in *Habermas and Modernity* (sous la dir. de R. J. Bernstein), Cambridge, Mass., Harvard University Press, pp. 142-216.
HABERMAS Jürgen (1986), «The Genealogical Writing of History : On Some Aporias in Foucault's Theory of Power», Canadian Journal of Political and Social Theory, vol. X, n°s 1-2, pp. 1-9.
HARSANYI John C. (1955), «Cardinal Welfare, Individualistic Ethics, and Interpersonal Comparisons of Utility» *Journal of Political Economy*, vol. 63, pp. 309-321.
HARSANYI John C. (1977), *Rational Behaviour and Bargaining Equilibrium in Games and Social Situations*, Cambridge, Cambridge University Press.
HART H.L.A. (1986), compte rendu de *Ethics and the Limits of Philosophy* de B. Williams, *The New York Review of Books*, 17 juillet 1986, vol. XXXIII, n° 12, pp. 49-52.
HOBBES Thomas (1651), *Leviathan*, Londres.
HONDERICH Ted (sous la dir. de) (1985), *Morality and Objectivity*, Londres, Routledge and Kegan Paul.
LASLETT Peter et FISHKIN James (sous la dir. de) (1979), *Philosophy, Politics and Society*, Fifth Series, New Haven, Yale University Press.
LEVI Isaac (1981), «Escape form Boredom : Edification According to Rorty», *Canadian Journal of Philosophy*, décembre 1981, vol. 11, n° 4, pp. 589-602.
LEVINE Andrew (1981), *Liberal Democracy : A Critique of its Theory*, New York, Columbia University Press.
MACKIE J.L. (1956), *Contemporary Linguistic Philosophy — Its Strength and its Weakness*, Dunedin, Nouvelle-Zélande, University of Otago Press.
MACKIE J.L. (1977), *Ethics : Inventing Right and Wrong*, Harmondsworth, Angleterre, Penguin Books.
MACKIE J.L. (1980), *Hume's Moral Theory*, Londres, Routledge and Kegan Paul.
MACKIE J.L. (1985), *Morality and Objectivity* (sous la dir. de T. Honderich), Londres, Routledge and Kegan Paul.
MACLEAN D. (sous la dir. de) (1984), *The Security Gamble : Deterrence Dilemmas in the Nuclear Age*, Totowa, New Jersey, Rowman and Allanheld.

MCMURRIN Sterling (sous la dir. de) (1980), *The Tanner Lectures on Human Values*, Salt Lake City, Utah, University of Utah Press, vol. I.
MILLER Richard (1984), *Analyzing Marx*, Princeton, New Jersey, Princeton University Press.
NAGEL Thomas (1970), *The Possibility of Altruism*, Oxford, Clarendon Press.
NAGEL Thomas (1980), «The Limits of Objectivity» *The Tanner Lectures on Human Values* (sous la dir. de S. McMurrin), Salt Lake City, Utah, University of Utah Press, vol. I, pp. 77-139.
NAGEL Thomas (1986), compte rendu de *Ethics and the Limits of Philosophy* de B. Williams, *The Journal of Philosophy*, vol. LXXXIII, n° 6, pp. 351-359.
NIELSEN Kai (1982a), «On Needing a Moral Theory : Rationality, Considered Judgements and the Grounding of Morality», *Metaphilosophy*, avril 1982, vol. 13, pp. 97-116.
NIELSEN Kai (1982b), «Considered Judgements Again», *Human Studies*, avril-juin 1982, vol. 5, pp. 109-118.
NIELSEN Kai (1985), *Equality and Liberty*, Totowa, New Jersey, Rowman and Allanheld.
NIELSEN Kai (1986), «Scientism, Pragmaticism, and the Fate of Philosophy», *Inquiry*, septembre 1983, vol. 29, n° 3, pp. 277-304.
NIELSEN Kai (1987a), «Can There Be Progress in Philosophy?», *Metaphilosophy*, janvier 1987, vol. 18, n° 1, pp. 1-30.
NIELSEN Kai (1987b), «Cultural Identity and Self-Definition», *Human Studies*, vol. 6, n° 4.
NOZICK Robert (1974), *Anarchy, State and Utopia*, New York, Basic Books.
PARFIT Derek (1984), *Reasons and Persons*, Oxford, Clarendon Press.
PENNOCK J.R. et John W. CHAPMAN (sous la dir. de) (1983), *Marxism, Nomos*, XXVI, New York, New York University Press.
RAWLS John (1971), *A Theory of Justice*, Cambridge, Mass., Harvard University Press. (Voir aussi Rawls (1987a).)
RAWLS John (1974-1975), «The Independence of Moral Theory», *Proceedings and Addresses to the American Philosophical Association*, vol. XLVII, pp. 5-22.
RAWLS John (1979), «A Well-Ordered Society», in *Philosophy, Politics and Society* (sous la dir. de P. Laslett et J. Fishkin), cinquième série, New Haven, Yale University Press, 1979, pp. 6-20.
RAWLS John (1980), «Kantian Constructivism in Moral Theory : The Dewey Lectures, 1980», *The Journal of Philosophy*, vol. LXXVII, pp. 515-572.
RAWLS John (1985), «Justice as Fairness : Political not Metaphysical», *Philosophy and Public Affairs*, été 1985, vol. XIV, n° 3, pp. 223-251.
RAWLS John (1987a), *Théorie de la justice* (trad. de l'anglais par C. Audard), Paris, éditions du Seuil.
RAWLS John (1987b), «The Idea of an Overlapping Consensus», *Oxford Journal of Legal Studies*, vol. 7, n° 1, pp. 1-25.
RAWLS John (1989), «The Domain of the Policitical and Overlapping Consensus», *New York University Law Review*, vol. 64, n° 2, pp. 223-255.
RORTY Richard (1985), «Habermas and Lyotard on Postmodernity», in *Habermas and Modernity* (sous la dir. de R.J. Bernstein), Cambridge, Mass., Harvard University Press, pp. 161-175.
ROTH Alvin E. (1979), *Axiomatic Models of Bargaining*, Berlin et New York, Springer-Verlag.
ROTH Alvin E. *et al.* (1981), «Sociological Versus Strategic Factors in Bargaining», *Journal of Economic Behavior and Organization*, vol. 2, pp. 153-177.
SCANLON T.M. (1982), «Contractualism and Utilitarianism», in *Utilitarianism and Beyond* (sous la dir. d'A. Sen et B. Williams), Cambridge, Cambridge University Press.
SEN Amartya (1970), *Collective Choice and Social Welfare*, San Francisco, Holden-Day.
SKINNER Quentin (sous la dir. de) (1985), *The Return of Grand Theory in the Human Sciences*, Londres, Cambridge University Press.
TAYLOR Charles (1985), *Philosophy and the Human Sciences*, Cambridge, Cambridge University Press.
WILLIAMS Bernard (1985), *Ethics and the Limits of Philosophy*, Cambridge, Mass., Harvard University Press.

Notes sur les auteurs

Jocelyne Couture est professeur au Département de philosophie de l'Université du Québec à Montréal depuis 1984. Elle a été chercheur post-doctoral à l'Université de Montréal de 1982 à 1984. Ses domaines de spécialisation et de recherche sont la logique (théorie de la démonstration) et l'éthique (méta-éthique et théorie du choix rationnel). Elle est la co-directrice de l'Équipe de recherche en éthique sociale (ERES). Elle a publié plusieurs articles sur la théorie des types ramifiés de Russell et Whitehead, sur la logique intuitionniste et les systèmes de déduction naturelle de Gentzen et sur les fondements de l'éthique.

David Gauthier est professeur au Département de philosophie de l'Université de Pittsburg et membre du Centre de philosophie des sciences. Il a enseigné à l'Université de Toronto de 1958 à 1980 et il est membre de la Société Royale du Canada depuis 1979. Il a écrit de nombreux articles sur le développement de la théorie morale dans le contexte de la théorie du choix rationnel et il est l'auteur de *The Logic of Leviathan : the Moral and political Theory of Thomas Hobbes* (Oxford, Clarendon Press, 1969). *Practical Reasonning* (Oxford, Clarendon Press, 1963) et *Morals by Agreement* (Oxford, Clarendon Press, 1986).

Jan Narveson est professeur de philosophie à l'Université de Waterloo (Ont.) et il est membre de la Société Royale du Canada depuis 1989. Il est l'auteur de *Morality and Utility* (J. Hopkins Press, 1967), *Morals Issues* (Oxford U. Press, 1983) et de *The Libertarian Idea* (Temple U. Press, 1989). Il est aussi président de la Société de musique de chambre de Kitchener-Waterloo et membre exécutif de plusieurs associations musicales.

Kai Nielsen est professeur au Département de philosophie de l'Université de Calgary. Il est membre de la Société Royale du Canada et éditeur du *Canadian Journal of Philosophy*. Il a enseigné dans plusieurs universités canadiennes et américaines. Il est l'auteur de nombreux articles en philosophie morale et politique et en philosophie de la religion. Ses plus récents ouvrages sont *Liberty and Equality* (Rowman and Allandheld, 1984), *Marxism and the Moral Point of View* (Westview Press, 1989), *Why be Moral?* (Prometheus Press, 1989) et *God, Scepticism and Modernity* (Les Presses de l'Université d'Ottawa, 1989)

Table des matières

Avant-propos.. 5

Introduction : Rationalité et concensus
    Jocelyne Couture 7

Remarques sur les fondements de la morale
    Jan Narveson... 25

A la recherche d'une perspective émancipatrice : l'équilibre réfléchi large et le cercle herméneutique
    Kai Nielsen 51

La justice en tant que choix social
    David Gauthier 73

Est-il rationnel d'être juste ?
    David Gauthier 97

Bibliographie 123

Notes sur les auteurs 126

PHILOSOPHIE ET LANGAGE
Collection publiée sous la direction de Sylvain AUROUX, Claudine NORMAND,
Irène ROSIER

Ouvrages déjà parus dans la même collection :

ADAM : Eléments de linguistique textuelle.

ANSCOMBRE / DUCROT : L'argumentation dans la langue.

AUROUX : Histoire des idées linguistiques. T. 1.

BESSIERE : Dire le littéraire.

BORILLO : Information pour les sciences de l'homme.

CASEBEER : Hermann Hesse.

COMETTI : Musil.

DOMINICY : La naissance de la grammaire moderne.

EVERAERT-DESMEDT : Le Processus interprétatif - Introduction à la sémiotique de Ch. S. Peirce.

GELVEN : Etre et temps de Heidegger.

HAARSCHER : La raison du plus fort.

HEYNDELS : La pensée fragmentée.

HINTIKKA : Penser Wittgenstein.

HINTIKKA : Investigations sur Wittgenstein.

ISER : L'acte de lecture.

JACOB : Anthropologie du langage.

KIBEDI-VARGA : Discours, récit, image.

KREMER-MARIETTI : Les racines philosophiques de la science moderne.

LARUELLE : Philosophie et non-philosophie.

LATRAVERSE : La pragmatique.

LAUDAN : Dynamique de la science.

LEMPEREUR : L'argumentation - Colloque de Cerisy

MAINGUENEAU : Genèse du discours.

MARTIN : Langage et croyance.

MEYER : De la problématologie.

MOUREY : Borges, vérité et univers fictionnels.

NEUBERG : Théorie de l'action.

PARRET : Les passions.

PARRET : La communauté en paroles.

SHERIDAN : Discours, sexualité et pouvoir (Michel Foucault).

STUART MILL : Système de logique.

VANDERVEKEN : Les actes de discours.

VERNANT : Introduction à la philosophie de la logique.